最新の判決例から学ぶ

役員退職給与の税務 完全理解

改訂版

大阪勉強会グループ

税理士・公認会計士　濱田　康宏

司法書士　北詰健太郎

税理士　内藤　忠大

税理士　岡野　　訓

税理士　村木　慎吾

税理士　白井　一馬／共著

日本法令®

はしがき

先般、㈱日本法令より、役員退職給与についての出版企画をいただいた。類書が多数ありそうだが、意外にも、役員退職給与だけについて解説した書籍は、あまりないのだとのことだった。

なるほどと思いつつ、大阪勉強会の仲間たちに相談してみたところ、是非とも、自分たちで執筆したいとの話になった。確かに、役員退職給与は、実務上問題の宝庫であり、実務知識確認には絶好の機会でもあった。

特に、最近は、注目すべき役員退職給与の裁判例・裁決例が続いたこともある。なかでも分掌変更役員退職給与については、実務家の中でもかなり話題になった。

しかし、この裁判例については、手放しで賞賛してよいものかは、甚だ疑問であるというのが、著者たちの認識であり、この点についても実務上の注意喚起をしておきたいという気持ちがあった。

そして、役員退職給与は、税務の中でも、とりわけ法務の影響が大きな領域であり、議事録の作成の有無が、実務上の要点になることも少なくない。そこで、司法書士の北詰健太郎先生の全面的な協力を得て、議事録の雛形だけでなく、実務上の留意点についても触れていただいた。特に、死亡退職金支給時の議事録作成の注意点は、類書では見かけたことがないので、読者の参考になると思う。

その他の、本書の特徴は以下である。

⑴　読みやすい座談会方式で総論を掴み、その後の各論で詳細を掴

める。

第１章は口語調の座談会方式で、寝転がって楽に読める部分で、ざっくり大要を掴んでいただく。第２章以下の各論部分のＱへのリファレンスを付けているので、イントロとして役立てていただけると思う。

(2) 各論部は、ＱＡ解説で記載され、第２章から第５章までの基本編（Q 1～Q14）と第６章の裁判例・裁決例編（Q15～Q22）とに分かれている。

退職給与の大きな特徴として、法務が大きく税務に影響を与えているという点がある。まず、基本編では、法務を踏まえて税務の知識を得られるよう工夫してある。その上で、さらに具体的な裁判例や裁決例を見て、理解を深めていただこうという狙いである。

また、中でも、第４章として、所得税関係でQ11からQ13まで３つのＱを扱っている点も、退職給与の実務に鑑みた、本書ならではの特徴といえるだろう。

(3) 巻末に重要資料として残波事件裁決・判決文と退職時利用書式集を収録している。

残波事件については、紙数の制約があるものの、コメントを入れつつ、裁決例及び地裁判決文の重要部分を収録した。判決文を読む契機としても利用していただけるのではないかとの意欲的試みである。

また、議事録以外の退職時に利用する書式を集め、簡単な解説を付けておいた。

実務では失念しがちな部分もあるので、是非参考にしていただきたい。

本書は、このような特徴を有しているつもりである。

なお、令和４年で改訂の機会を得たことから、裁決例・裁判例の追加収録と、収録内容の一部見直しを行った。今回の改訂が、改訂版を購入下さった読者の皆様の期待に応えるものになっていることを願いつつ、そして、お声がけいただいた㈱日本法令の竹渕氏に感謝の気持ちを伝えさせていただきつつ、筆を置きたい。

令和４年９月

大阪勉強会グループ

濱田　康宏

北詰健太郎

内藤　忠大

岡野　　訓

村木　慎吾

白井　一馬

✤目　次✤

第2章　役員退職給与の会社法上の実務

第3章 役員退職給与の税務上の基本事項

退職時利用書式集

凡　例

本書では、かっこ内等において、法令・通達の表記につき以下のとおり省略している。

法人税法……………………………………………………………………法法
法人税法施行令……………………………………………………………法令
所得税法……………………………………………………………………所法
所得税法施行令……………………………………………………………所令
所得税法施行規則…………………………………………………………所規
地方税法……………………………………………………………………地法
法人税基本通達…………………………………………………………法基通
所得税基本通達…………………………………………………………所基通
相続税法基本通達………………………………………………………相基通

（例）　法人税法第22条第３項第２号　➡　法法22③二

第1章

座談会
役員退職給与の実務論点

Ⅰ 役員退職給与、何が問題？

濱田 役員退職給与については、実務上、金額も大きく、否認リスクに気を遣う領域だと思うのですが、皆さんは実務上どのように捉えていますか？

岡野 私の場合は、事業承継の局面でお話をすることが多いのですが、オーナー退職給与の話は避けて通れません。その際には、分掌変更退職給与の否認リスクに一番神経を使いますね。

内藤 事業承継の局面では、自社株の評価引下げのためにも退職給与を支給しておきたい、というのがありますしね。

白井 私も事業承継の相談で検討することが多いですね。その意味では、分掌変更退職給与の話が最も大きな問題だというのは、岡野先生のおっしゃるとおりです。ただ、最近では、会社を清算して引退という関与先も徐々に出始めていますので、退職給与がいくらもらえるか、というのも重要な関心事です。

村木 確かに、分掌変更退職給与の否認と不相当高額否認の問題が、役員退職給与の実務２大問題という感じです。ただ、それ以前に、役員退職給与の法務面での問題点を理解していないために失敗している事例も多いですよね。

濱田　そうですね。細かい点は各論で扱うとして、ここでは、大枠として、役員退職給与の実務論点を確認しておきましょうか。

Ⅱ　役員退職給与の盲点

1　退職の事実に基づく支給であること

☞ Q4、Q5、Q6、Q19 関連

白井　分掌変更退職給与で最も問題になるのは、支給が退職の事実に基づく支給であるか否かですね。

ココに注目！

● 支給が退職の事実に基づく支給であるか否か。

内藤　つまり、分掌変更によって、会社を実質的には退職したのと同様であるといえない限り、在職が継続している段階での支給は、賞与にすぎないと整理される危険性が伴うわけです。

岡野　わかりやすく「賞与」と言っていただきましたが、正確に言えば、役員給与として損金算入が認められた類型のいずれにも属さないために、損金不算入になるということですね。

村木　給料を半分にすれば、在職したまま退職給与を取れるなどという誤解が蔓延していたために、この点は、いまだにトラブルが起こりやすいですね。私は、そのような誤解は過去の話だと思っていたのですが、いまだに、金融機関などからは、できる前提での確認の相談があったりします。

濱田　税理士でもそうですね。通達の列挙事由が、例示にすぎないという理解がなく、自分に都合よく読んでしまう、いわば「勝手読み」の典型だと思いますが。

2　株主総会支給決議による金額確定が必要であること

☞ Q1、Q2、Q18 関連

岡野　もう１つ、実務の失敗で多いのは、株主総会による支給決議の失念ですね。

ココに注目！

- 役員退職給与の支給には、株主総会支給決議による金額確定が必要！

北詰　税理士さんの誤解で一番多いと感じるのがここです。取締役会議事録で役員退職給与の支給決議を済ませていて、株主総会での決議がないという事例は頻繁に出会います。

濱田　それって、会社法上は問題なので、法務畑の人から見ると、目が点なのでしょうね。

北詰　ええ、でも、あまりにも皆さん堂々とそうされているので、なぜだろうと思っていました。

内藤　通達で、支給時に損金経理すればそれを認めるという扱いがあるので、税理士実務では、この論点に気づかず、素通りしているのでしょうね。

白井　法律上は、株主総会の決議がなければ、そもそも役員には退職金請求権は存在しないわけですね。従業員とは異なって。

村木　そうです。取締役は経営のプロですから、プロに報酬を払うのに、別個に退職給与を出す理由がありません。あるのは、「よくやってくれた」という感謝の気持ちを示す慰労金です。

北詰　つまり、慰労金として株主総会が支給決議して確定しない限り、債務確定しないのですよね。

岡野　役員退職給与規程が制定されていれば、それに従って処理するので、株主総会決議が不要という誤解も多いですね。規程があってもなくても、株主総会による支給決議は、その都度必要になることがわかっていない。

濱田　個人的には、規程を作ると、「当然、それだけもらえる」との誤解を生みますし、中小企業の場合は、作らないほうがよいでしょうとお話しています。

内藤　なるほど、それも一理ありますね。功労加算などの考え方は、保険会社などが提供している規程集と、課税当局との考え方とでズレがありますし。

村木　規程作成は、役員退職給与の場合、上場企業以外では、絵に描いた餅になることが少なくありませんね。

Ⅲ　役員退職給与の相談を受けたら

1　不相当高額否認の懸念はないか

☞ Q３、Q７、Q15、Q16、Q17 関連

白井　さて、同業者から受ける相談で一番多いのは、恐らく、いくらまで出していいのか、というものですね。

北詰　何か指針のようなものはあるのですか？

村木　最終報酬月額に勤続年数と功績倍率を乗じて計算するとして、功績倍率３倍までは、現場では問題なく通るという認識です（Q３ 参照）。

岡野　そうですね。「現場では」というのがポイントで、争いになると、これよりもはるかに低い功績倍率しか認められなかった事例が多々あります。

濱田　安全策なら、3倍基準をきちんと守るべきだということですね。

内藤　その上で、さらに注意すべき点がいくつかありますね。まず、退職直前に合理的な理由なく最終報酬月額を増額して、支給限度額を上げるのはアウトだということです。

白井　あと、市販の規程集にある功労加算が曲者ですね。課税庁が３倍と言っているのは、この功労加算まで入れての話ですから。

北詰　時々、功績倍率４倍、さらに、功労加算50％なんて書いてある規程を見ることもあるのですが。

村木　よほどラッキーがない限り、即死クラスですね。私の感覚では、あり得ないです。

岡野　以前、仲間内で話題になったこともあるのですが、現場の調査官の中には、このあたりをあまり意識していない調査官もまだいるようなのです。しかし、審理のチェックが広がっていく今後は、見過ごしを期待できないでしょうね。

内藤　平均功績倍率に50％加算するという謎の裁判例が登場してしまいました（Q17）が、さすがに、高裁で否認されました。最高裁で確定して、やれやれでしたね。

村木　まぁ、あれが認められると、これまでの実務が全部総崩れになりますから、地裁判決で確定することはあり得ないと、私も思っていました。

白井　納税者からすると、引っ込みが付かなくなり、最高裁まで争うのも仕方ないかもしれません。納税者に変な期待をさせるような判決を出した、この東京地裁の裁判官は罪作りだと思います。

濱田　ということで、あの東京地裁判決は、黒歴史として、実務家は忘れるべきですか。実務としては、基本３倍基準を遵守するのが安全ということでしょうね。

2　分掌変更退職給与になるか

☞ Q 6 、 Q16 、 Q19 関連

内藤　そして、実務でもう１つ大きな問題が、分掌変更退職給与の話題ですね。

白井　これって、平成18年２月10日の京都地裁判決がその後上訴されて確定したことで、もう解決済みかと思っていたのですが、そうでもなかったのですよね。

濱田　そうなんです。審理クラスなら当然否認になりますが、現場の調査官によっては、未だに通達の形式的運用というか、列挙項目が例示にすぎないという理解がないケースが多々あるようです。

村木　税務署を辞めたばかりのOB税理士が提案しているとか聞いて、目が点になったこともあります。調査官のレベルにも、かなり差があるということなのかもしれません。

岡野　何にせよ、実務では、否認されるとトリプルパンチ課税になって、単なる不相当高額否認とはまったく異なる、多大な税額が生じてしまうということを、まずは伝えなければなりませんね。

内藤　その上で、否認リスクの大きさを説明して、納税者にできるだけ避けるように説得を試みるのですが、否認されなかったという話を聞いていたりすると、なかなか難しい場合もありますね。

北詰　調査官ごとの対応って、そんなに違うものなのですか。ちょっと意外です。確かに、法務局の登記官の対応にもある程度差違がありますが、それぞれ対応が違っていてもいい話ではないですよね。

濱田　そこが実務家としての悩みなのですよね。

村木　分掌変更退職給与については、否認裁決例の公表が続いています。ここは各論部分でしっかり確認していただければと思います。

3 金融庁による節税保険の規制

☞ Q8、Q10 関連

濱田 役員退職給与そのものではないのですが、相談を受ける際に、よく話題になるのが、生命保険の利用です。これについて、最近注目すべき動きがありました。

白井 金融庁が節税保険を真正面から規制するのですね。

内藤 令和4年7月14日付で、金融庁から下記文書が公表されました。

■節税（租税回避）を主たる目的として販売される保険商品への対応における国税庁との更なる連携強化について
https://www.fsa.go.jp/news/r4/hoken/20220714-2/20220714-2.html
■国税庁との更なる連携強化について
https://www.fsa.go.jp/news/r4/hoken/20220714-2/01.pdf

岡野 肝になるのは下記ですか。

「当庁においては、今後発生しうる保険本来の趣旨を逸脱するような商品開発や募集活動への対応として、国税庁との連携を更に強化し、商品審査段階及びモニタリング段階での取組を通じて、より一層の保険契約者保護を図ることとする。」

国税庁は、忍耐強く、保険業界の自主対応による善処を促してきていたけれど、やることがエスカレートして、金融監督の視点から金融庁も座視できなくなったということですね。金融庁としては、もうこれ以上保険のあり方を歪めるのは許せませんと。

村木　役員退職給与の相談を受けた際に、節税保険と思われる提案が混じっていたら、要注意ということですね。

Ⅳ　受給側の処理と源泉徴収の処理

1　受給側の処理

☞ Q11、Q12 関連

白井　実務的には、もらう側の話も大事ですよね。退職所得控除をいかに有利に使うかという論点です。

濱田　まずは、従業員が役員に昇格した場合の退職給与支給の問題ですね。退職所得控除は、20年までは毎年40万円で計算して、21年目からは毎年70万円になりますので、可能な限り、長い期間で計算したいと。

岡野　支払うタイミングは、役員就任時・業務執行役員就任時・退職時の３通りありますが、最後の退職時が税務上はベストだと。

内藤　いったん退職給与を支払うと、その時点で退職所得控除計算の基礎となる勤続期間がリセットされてしまいますからね。通算30年勤続で、最後に支払えば、1,500万円の退職所得控除が取れるのに、19年目で一度取ったりすれば、1,200万円しか取れません。

北詰　恐らく、支給額計算そのものも、通算されたほうが高くなる場合もあるでしょうね。

村木　さらに、退職所得は２分の１計算して分離課税計算するわけで、累進税率を加味すれば、とてつもない差が生じかねません。

白井　なお、令和４年度からは、従業員についても２分の１課税が使えない場合として、短期退職給与制度が導入されています(98頁参照)。

2　源泉徴収の処理

☞ Q10、Q11、Q12 関連

内藤　あと、源泉徴収の問題も重要です。「退職所得の受給に関する申告書」を必ず書いてもらうというのは当然ですが、退職所得の住民税特別徴収額について、納入書記載方法などは、指導してあげないとダメでしょうね。

濱田　退職時に、給与の特別徴収について、後始末を行う点もありますね。普通徴収に切り替えるか、一括徴収を行うことになるので、勤務先から市町村に報告書を出すことになるわけですが。

岡野　現物支給の場合に、源泉徴収を失念しないようにという論点もありますね（Q10参照）。

北詰　なるほど。土地などを退職慰労金で交付する場合は、登記の論点もあるので、各論で確認してもらえばと思います。

白井　多くの場合は、税務調査で確認されるでしょうから、議事録の写しや「退職所得の受給に関する申告書」などをセットにして保管しておくほうがいいでしょうね。

村木　あとは、中退共などが退職金制度の一環として存在する場合には、会社からの一時金分を先に出しておくほうが、源泉徴収税額の計算は簡単だというのも、実務的には知っておくといいかもしれません。

濱田　というところで、以下は第２章以下で確認していってもらいましょうか。

第2章

役員退職給与の会社法上の実務

❶　役員退職給与の法的性質

Q1

会社法における取締役に対する報酬等の法的性格について教えてください。

Ⓐ　経営に関する職務執行の対価であり、前提となるのは株主総会（会社）との間に存在する（準）委任契約関係であると理解されている。

1　取締役の報酬等の法的性格

取締役の報酬は、民法における委任（準委任）契約の対価であると理解されている。

●会社法

（株式会社と役員等との関係）
第330条　株式会社と役員及び会計監査人との関係は、委任に関する規定に従う。

●民　　法

（委　　任）
第643条　委任は、当事者の一方が法律行為をすることを相手方に委託し、相手方がこれを承諾することによって、その効力を生ずる。

（受任者の注意義務）
第644条　受任者は、委任の本旨に従い、善良な管理者の注意をもって、委任事務を処理する義務を負う。

このように、役員の報酬等については、委任の対価であると整理され、定款の定め又は株主総会決議により支給額等が定められていることが必要とされている。

●会 社 法

（取締役の報酬等）
第361条　取締役の報酬、賞与その他の職務執行の対価として株式会社から受ける財産上の利益（以下この章において「報酬等」という。）についての次に掲げる事項は、定款に当該事項を定めていないときは、株主総会の決議によって定める。

一　報酬等のうち額が確定しているものについては、その額

二　報酬等のうち額が確定していないものについては、その具体的な算定方法

三　報酬等のうち当該株式会社の募集株式（第199条第１項に規定する募集株式をいう。以下この項及び第409条第３項において同じ。）については、当該募集株式の数（種類株式発行会社にあっては、募集株式の種類及び種類ごとの数）の上限その他法務省令で定める事項

四　報酬等のうち当該株式会社の募集新株予約権（第238条第１項に規定する募集新株予約権をいう。以下この項及び第409条第３項において同じ。）については、当該募集新株予約権の数の上限その他法務省令で定める事項

五　報酬等のうち次のイ又はロに掲げるものと引換えにする払込みに充てるための金銭については、当該イ又はロに定める事項

イ　当該株式会社の募集株式　取締役が引き受ける当該募集株式の数（種類株式発行会社にあっては、募集株式の種類及び種類ごと

の数）の上限その他法務省令で定める事項
ロ　当該株式会社の募集新株予約権　取締役が引き受ける当該募集新株予約権の数の上限その他法務省令で定める事項
六　報酬等のうち金銭でないもの（当該株式会社の募集株式及び募集新株予約権を除く。）については、その具体的な内容
（以下略）

会社法では、取締役の職務執行の対価として会社から与えられる財産上の利益を報酬等と定義している。この報酬等については、無制限に会社から得ることができるのではなく、定款で定めるか、あるいは、株主総会の支給決議を受けることが必要とされており、支給限度の枠がかぶせてある。会社の経営を運営する取締役自身に、無尽蔵に報酬等を得ることを許すのは、いわゆるお手盛りの危険性があるためと解されている。

ここで、役員退職給与も、報酬等の１つであり、会社法における報酬等の規制を受けることに変わりはない。そのため、役員退職給与についても、基本的には、株主総会による支給決議を受けることが必要とされる。

ココに注目！

● 取締役会設置会社であっても、報酬等の支給には、株主総会による支給決議が不可欠。

2　職務執行の内容

取締役が委任契約で受ける委任の内容は、取締役としての職務執

行ということになる。一般的な取締役会設置会社における取締役の場合、取締役会の構成員として業務執行の意思決定に関わる、あるいは、業務執行役員として業務執行を行うことが、職務執行の内容になる。その委任の対価として、報酬等が支給されることになる。

取締役は、経営のプロとして株主総会により選任されたわけだから、株主総会で支給決議する限り、職務執行としての報酬あるいは賞与の支給について、特に問題になることはない。

ただし、役員退職給与については、その位置付けについて、一考すべき点がある。つまり、プロが退任する際に、元々の報酬・賞与という年俸以外に、退任するだけで退職金の支給を受けるということの意味は何かである。使用人退職金のように、後払賃金の性格を帯びることは、使用人兼務役員の使用人分を除き、あり得ないことになる。

しかし、その取締役が非常に会社に貢献してくれたことをもって、慰労金を出すということはあり得る。つまり、役員退職給与とは、本質的に役員退職慰労金だということになる。株主総会が、取締役の貢献を特に認めて支給決議した上で給付するものが役員退職給与だと理解しておくべきである。

その意味で、役員退職慰労金規程を定めていれば、自動的に役員退職給与の支給が行われるものではないという点を、再確認しておく必要がある。企業会計上は、役員退職慰労金規程が存在するだけで、役員退職給付引当金の設定を強制されることも多く、あたかも支給が必須の義務のように思われがちである。しかしながら、役員退職給与の支給については、役員退職慰労金規程の存在の有無に関係なく、株主総会における支給決議が必須となる点について、確認しておくべきだろう。

落とし穴

- 役員退職慰労金規程があってもなくても、報酬等としての役員退職慰労金の支給には、その都度、株主総会による支給決議が不可欠。
- 株主総会決議を欠いて、取締役会決議のみ存在しても、会社法上は違法支給になる。

3 使用人における勤労の対価との違い

使用人における勤労は、雇用契約であり、使用人給与は、雇用契約の対価であると整理されている。そして、使用人退職金については、功労的な性格を帯びつつも、賃金の後払の性格があるものと解されている。

ただし、現行法では、退職金制度を持たない場合にまで支給を強制することはしていない。あくまでも、退職金制度がある場合に限り、退職により支給を義務付けることとしている。そもそも退職金制度がない場合には、事業主が任意に支払うかどうか、随意だということになる。

退職金制度がある場合を前提とすれば、使用人は退職した時点で、退職金請求権を有することになる。事業主が支払わないと言えば、給付請求訴訟を提起できる。

これに対し、役員退職給与は、すでに述べたように、賃金の後払の性格はまったく存在しない。株主総会で、よくやってくれたという慰労金として支給決議をして支払うということはとられても、あくまでも、その都度支給している報酬・賞与で足りており、退職した役員側から、勝手に退職給与を請求することはできない。株主総会側が支給すると言わない限り、受給する権利は一切存在しない、これが使用人退職金との大きな違いだということになる。

落とし穴

- 従業員は退職金規程さえあれば、退職の事実に基づいて債務が確定するが、役員の場合は、規程があっても、総会決議による金額確定があるまでは、債務確定しない。

❷ 役員退職給与支給決議の法務上の留意事項

Q 2

役員報酬等の支給額を決議する機関は、株主総会なのですか、それとも取締役会なのですか。

A 本来的には株主総会が決議機関だが、一定条件を満たす場合、株主総会から取締役会への委任が可能とされている。

1 会社法が本来予定する決議方法

会社法は、取締役の報酬等について、金銭給付で確定額を支給する場合、定款によって報酬額を定めるか、あるいは、株主総会で支給額を定めることを予定している。

●会 社 法

(取締役の報酬等)

第361条 取締役の報酬、賞与その他の職務執行の対価として株式会社から受ける財産上の利益(以下この章において「報酬等」という。)についての次に掲げる事項は、定款に当該事項を定めていないときは、株主総会の決議によって定める。

一 報酬等のうち額が確定しているものについては、その額

二 報酬等のうち額が確定していないものについては、その具体的な算定方法

三　報酬等のうち当該株式会社の募集株式（第199条第１項に規定する募集株式をいう。以下この項及び第409条第３項において同じ。）については、当該募集株式の数（種類株式発行会社にあっては、募集株式の種類及び種類ごとの数）の上限その他法務省令で定める事項

四　報酬等のうち当該株式会社の募集新株予約権（第238条第１項に規定する募集新株予約権をいう。以下この項及び第409条第３項において同じ。）については、当該募集新株予約権の数の上限その他法務省令で定める事項

五　報酬等のうち次のイ又はロに掲げるものと引換えにする払込みに充てるための金銭については、当該イ又はロに定める事項

イ　当該株式会社の募集株式　取締役が引き受ける当該募集株式の数（種類株式発行会社にあっては、募集株式の種類及び種類ごとの数）の上限その他法務省令で定める事項

ロ　当該株式会社の募集新株予約権　取締役が引き受ける当該募集新株予約権の数の上限その他法務省令で定める事項

六　報酬等のうち金銭でないもの（当該株式会社の募集株式及び募集新株予約権を除く。）については、その具体的な内容

（以下略）

本条の１項１号が確定額報酬について、２号が業績連動報酬について定めている。３号から５号までが、取締役の報酬として株式や新株予約権の付与等を行う場合について定めている。６号において、株式や新株予約権以外の現物給与について定めている。

３号から５号までの規定は、令和３年３月１日施行の会社法改正により、これまでも認められてきた株式等による報酬について規律を明確化する趣旨で規定が置かれることになった。法令により株主総会で定めるべき事項を具体化することにより、透明性を向上させる趣旨である。

会社法改正では、報酬を定め、又はこれを改定する議案を株主総会に提出した取締役は、株主総会において当該事項について相当とする理由を説明しなければならないことが定められたほか（会社法361④）、上場会社等の一定の会社を対象とした報酬についての改正が行われている。

中小企業においては、1号の確定額報酬が支払われることが通常であると考えられるため、定款で規定してある場合を除けば、株主総会で支給額を定めることが要求されていることになる。

2 実務上許容されている決議方法

ところで、会社法の条文自体では、定款の定め又は株主総会での支給額の定めによる他ないと読めるものの、これだけに限ると実務上は執行が困難になる場合がある。この点は、上場企業の株主総会を想定すれば、容易に想像が付くだろう。

そこで、判例では、株主総会では、支給総額つまりいわゆる枠決めだけを行い、各人別の配分については、取締役会あるいはそこからさらに代表取締役に一任する方法を認めている。会社法が、株主総会の決議を求めたのは、株主総会から委任された取締役自身が、勝手に委任の報酬を決めるのは問題があるからである。

委任者である株主総会自身が、報酬の上限を決めておいて、取締役の間では、その枠内で相談して配分を決めてもらう分には、何の問題もないという整理がされている。

一般に、上場企業では、役員報酬・賞与・役員退職給与のすべてについて、この枠決め・配分一任という方式が採用されている。しかし、中小企業では、必ずしもそのようにはなっていない。

まず、中小企業実務では、役員報酬・賞与について、上場企業同様に、枠決め・配分一任という方式を採用する例が多いものの、株主総会で支給額を決める例もある。中小企業では、株主と取締役が同じことも少なくないから、特に不合理ということもない。

次に、中小企業実務における役員退職給与についてだが、役員報酬・賞与と同様に、枠決め・配分一任という方式を採用する例も少なくない。しかし、株主総会で各人別の支給額まで決めてしまう方法もあるし、むしろ、こちらのほうが、間違いがないだろう。

役員退職給与の場合、判例により、取締役会に一任する場合、無条件一任はできないこととされている。

●名古屋鉄道事件（最高裁昭和39年12月11日判決）

> 株式会社の役員に対する退職慰労金は、その在職中における職務執行の対価として支給されるものである限り、商法280条、同269条にいう報酬に含まれるものと解すべく、これにつき定款にその額の定めがない限り株主総会の決議をもつてこれを定むべきものであり、無条件に取締役会の決定に一任することは許されないこと所論のとおりであるが、被上告会社の前記退職慰労金支給決議は、その金額、支給期日、支給方法を無条件に取締役会の決定に一任した趣旨でなく、前記の如き一定の基準に従うべき趣旨であること前示のとおりである以上、株主総会においてその金額等に関する一定の枠が決定されたものというべきであるから、これをもつて同条の趣旨に反し無効の決議であるということはできない。

そして、これについては、役員退職給与の場合、単に内規が決まっているだけでは足りず、その支給基準が株主らにもわかるような状態になっていることが求められている。

●関西電力弔慰金事件（最高裁昭和48年11月26日）

これを本件についてみるに、原判決（その引用する第一審判決を含む。以下同じ。）の認定したところによれば、(一) 本件退任役員に対する退職慰労金は、その在職中の職務執行の対価として支給される趣旨を有するので商法269条にいわゆる報酬であり、(二) 従来被上告会社には、退任役員に対する退職慰労金の支給に関し、原判示の内規および慣行による一定の支給基準が確立されており、右支給基準は株主らにも推知さるべき状況にあり、(三) 株主総会は、取締役会が本件退職慰労金の支給につき、右内規および慣行による基準にしたがって相当な金額等の決定をすべきことを黙示的に決議したというのであり、右事実は、原判決挙示の証拠により首肯することができる。

この点が、役員報酬・賞与との大きな違いである。中小企業の場合、通常、これらの基準を招集通知等で株主に知らせるということは行わないだろう。そうすると、原則に戻って、株主総会で支給額まで決めてしまうのが簡明・堅実であるということになる。

なお、監査役の報酬等については、やはり条文上は、株主総会の決議によることとなっている。こちらは、独立性の観点から、取締役会への配分一任は行えないので、株主総会の決めた枠内で、監査役の協議により決めることになる。

●会 社 法

（監査役の報酬等）

第387条　監査役の報酬等は、定款にその額を定めていないときは、株主総会の決議によって定める。

2　監査役が2人以上ある場合において、各監査役の報酬等について定款の定め又は株主総会の決議がないときは、当該報酬等は、前項の報酬等の範囲内において、監査役の協議によって定める。
3　監査役は、株主総会において、監査役の報酬等について意見を述べることができる。

監査役1名の場合も少なくないので、もし可能であれば、原則に戻って、株主総会で支給決議まで行っておくほうがよいであろう。ただし、この場合でも、株主総会で枠決めだけして、監査役に配分を委ねることも可能であると解されており、実務的には、監査役自身が、枠内で報酬額を定めたことを、監査役報酬決定書を作成して残しておくことになる。

ココに注目！

● 総会では総額としての枠を決めて、具体的配分を取締役会に委任する枠決め・委任方式の採用が多いが、総会で直接決めることも可能。退職慰労金は総会決議が簡明。

落とし穴

• 取締役会で監査役の報酬等を決議することがないように。法制上あり得ない。

3　定款における機関設計の確認の重要性

最近は、取締役会を設置しない、いわゆる有限会社型の機関設計の株式会社なども登場している。あるいは、取締役会を廃止している株式会社も増えてきつつある。

役員報酬等の支給根拠となる決議が、どのような機関で行われる必要があるのかは、会社の定款で定めた機関設計によることになる。時折、思い込みで、取締役会が存在しない会社で取締役会議事録を作成している例などを見ることもある。

ちなみに、取締役会非設置会社の場合、株主総会で決めた枠内での報酬の額についての各人別配分は、取締役の協議書によるのが実務である。

この会社がどのような機関設計を採用しているのか、大元である定款を確認することが非常に重要である。また、役員報酬の枠決めについて、稀に、定款で記載しているにもかかわらず、これを知らないで、いつの間にか限度額を超過している例もあるようだ。定款の確認については、実務上欠かせないということを認識すべきだろう。

落とし穴

- 取締役会のない会社で取締役会議事録を作成することがないように。法制上あり得ない。

■書式１：役員退職給与支給決議株主総会議事録
取締役会・代表取締役非委任型（生前給付型）

臨時株主総会議事録

令和〇〇年〇月〇日10時00分より、当会社本店において、臨時株主総会を開催した。★1

当日の出席株主数並びに株式数は下記のとおり。

株主の総数	５名
発行済株式の総数	300株
議決権を行使することができる株主の数	５名
議決権を行使することができる株主の議決権の数	300個
出席株主数（委任状による者を含む）	５名
出席株主の議決権の数	300個

出席役員　代表取締役　山田太郎
　　　　　取　締　役　鈴木花子
　　　　　取　締　役　佐藤次郎
　　　　　取　締　役　中村太郎
　　　　　監　査　役　田中一郎　★2

定刻、代表取締役　山田太郎　は議長席に着き、定款により議長たることを述べ、本総会の開会を告げ、本日の出席株主数及びその持株数、議決権数を前記のとおり報告し、定足数を満たしているので本総会は適法に成立した旨を述べ、直ちに議事に入った。

議　案　退職慰労金贈呈の件

議長は、令和○年○月○日付で退任する取締役　佐藤次郎氏の在任中における慰労に報いるため、下記のとおり退職慰労金を贈呈したい旨を述べ、議場に諮ったところ、満場異議なく可決確定した。

退職慰労金の額：金1000万円
支払時期：令和○年○月○日
支払方法：振込

議長は、以上をもって本日の議事を終了した旨を述べ、11時00分閉会を宣した。
上記決議を明確にするため、本議事録を作成し、議事録作成者が次に記名押印する。

令和○年○月○日
株式会社山田産業　臨時株主総会
議事録作成者　代表取締役　山　田　太　郎　　印★3

★１：株主総会議事録には日時を記載しなければならないが、西暦・和暦どちらでも差し支えない。令和４（2022）年とする例もある。
★２：株主総会開催中に役員であった者が出席役員に該当すると解されている。総会をもって退任する者も記載することとなる。
★３：会社法上、出席取締役に署名又は記名押印の義務はない。しかし、のちに株主等からの閲覧請求や、税務調査があった場合に備えて、署名又は記名押印をすることが望ましい。
　なお、署名又は記名押印の義務については、定款に定められている場合があるので、定款を確認する必要がある。

■書式２：役員退職給与支給決議株主総会議事録
取締役会・代表取締役委任型（生前給付型）

臨時株主総会議事録

　令和〇〇年〇月〇日10時00分より、当会社本店において、臨時株主総会を開催した。★1

　当日の出席株主数並びに株式数は下記のとおり。

株主の総数	５名
発行済株式の総数	300株
議決権を行使することができる株主の数	５名
議決権を行使することができる株主の議決権の数	300個
出席株主数（委任状による者を含む）	５名
出席株主の議決権の数	300個

出席役員　代表取締役　山田太郎
　　　　　取 締 役　鈴木花子
　　　　　取 締 役　佐藤次郎
　　　　　取 締 役　中村太郎
　　　　　監 査 役　田中一郎 ★2

定刻、代表取締役　山田太郎　は議長席に着き、定款により議長たることを述べ、本総会の開会を告げ、本日の出席株主数及びその持株数、議決権数を前記のとおり報告し、定足数を満たしているので本総会は適法に成立した旨を述べ、直ちに議事に入った。

議　案　退職慰労金贈呈の件

議長は、当会社の取締役である佐藤次郎氏が、令和〇年〇月〇日付で退任するため、その在任中の功労に報いるため、次のとおり退職慰労金を贈呈したい旨を述べ、本総会においてはその贈呈の総額を定め、具体的な額、支払時期、方法については取締役会の決議に一任したい旨を述べ、議場に諮ったところ、満場異議なく可決確定した。★3

退職慰労金の総額：金3000万円

議長は、以上をもって本日の議事を終了した旨を述べ、11時00分閉会を宣した。

上記決議を明確にするため、本議事録を作成し、議事録作成者が次に署名押印する。

令和〇年〇月〇日

株式会社山田産業　臨時株主総会

議事録作成者　代表取締役　山　田　太　郎　　印★4

★１：書式１（29頁）参照
★２：書式１（29頁）参照
★３：この後、取締役会で具体的な金額等を決めることになるが、このように総会決議で枠取りだけは必須となっている。この方式を採用する場合には、ほぼ、役員退職慰労金規程等が既に存在していることが前提になっている。
★４：書式１（29頁）参照

第3章

役員退職給与の税務上の基本事項

❶　税務上の適正額の算定方法

Q3

役員退職給与（役員退職慰労金）の支給額について、税務上否認が行われない適正額の算出方法を教えてください。

Ａ　一般的に、判決や裁決において不相当に高額な部分の金額の算定については平均功績倍率法が使用される。支給法人や退職役員の特殊性や類似法人の選定の状況によっては、1年当たり平均額法や最高功績倍率法が使用されることもある。

ただし、現場では、最終報酬月額に勤続年数と役位に応じた功績倍率、例えば代表取締役なら3倍程度を乗じた金額（いわゆる3倍基準）による役員退職給与額とすることが多く、ここまでの金額であれば、課税庁は原則否認を行わないようである。

1　法令の定め

役員に対して支給する退職給与の額のうち不相当に高額な部分の金額は、損金の額に算入されない（法法34②）。不相当に高額な部分の金額とは、換言すれば適正額を超える退職給与の額である。この適正額は、退職した役員が業務に従事した期間、退職の事情、その法人と同種の事業を営む法人でその事業規模が類似するものの役員に対する退職給与の支給の状況等に照らして求められる（法令70二)。

●図表－1　不相当に高額な部分の金額

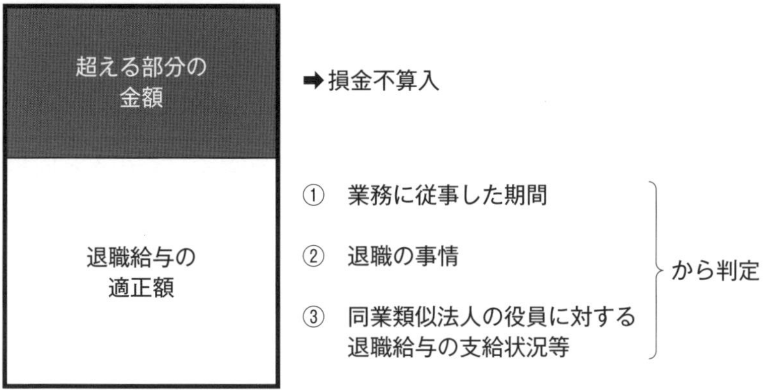

会社法では、取締役の報酬、賞与その他の職務執行の対価として株式会社から受ける財産上の利益（報酬等）についての報酬の額等を定款に定めていないときは、株主総会の決議によって定めることとされている（会社法361①)。監査役の報酬も同様である（会社法387①)。

法人税法における役員退職給与は、会社法の支給決議の要否について触れていないが、会社から役員に支払われる報酬であることから、会社法上の手続が適正に行われていることが前提となると考えられる。したがって、定款又は株主総会の支給決議のない役員退職給与は、役員退職給与とは認められないとの指摘を受ける可能性がある。

2 適正額算定方法の種類

適正額の算定方法については、一般的に、平均功績倍率法、1年当たり平均額法及び最高功績倍率法がある。

(1) 平均功績倍率法

平均功績倍率法とは、退職役員に退職給与を支給した法人と同種の事業を営み、かつ、その事業規模が類似する法人（以下「同業類似法人」という）の役員退職給与の支給事例における平均功績倍率に、当該退職役員の最終報酬月額及び勤続年数を乗じて算定する方法である。

ここでいう平均功績倍率とは、同業類似法人の役員退職給与の額を、その退職役員の最終報酬月額に勤続年数を乗じた額で除して得た倍率の平均値のことであり、裁判や裁決の結果から導き出されるものである。会社が役員退職給与規程に定めている役位別係数とは異なる。

(2) 1年当たり平均額法

同業類似法人の役員退職給与の支給事例における役員退職給与の額を、その退職役員の勤続年数で除して得た額の平均額に、当該退職役員の勤続年数を乗じて算定する方法である。

退職役員の報酬が比準役員の報酬と比べ著しく低額であったり、退職直前に減額されていたりするなど最終報酬月額が退任役員の功績を反映していないことにより、平均功績倍率法による算出額が適正値とならないときの基準となる。

(参考)　1年当たり平均退職給与額をもって適正な役員退職給与額の判断基準としたことが合理的であるとされた事例（札幌地裁昭和58年5月27日判決）

(3)　最高功績倍率法

同業類似法人の役員退職給与の支給事例における功績倍率の最高値（最高功績倍率）に、当該退職役員の最終報酬月額及び勤続年数を乗じて算定する方法である。

同業類似法人として抽出された法人が少数であったり、功績倍率に開差があったりするなどの理由で平均功績倍率法や1年当たり平均額法を適正値として採用しづらい場合において、その最高値が特異な値でないときに採用されることがある。

(参考)　類似法人の最高功績倍率を基準にして役員退職給与の適正額を算定することが相当であるとされた事例（最高裁昭和60年9月17日判決、東京高裁昭和56年11月18日判決、東京地裁昭和55年5月26日判決）

3　実務上の留意点

上記の3つの算定方法による適正額計算は、主として課税庁若しくは国税不服審判所又は裁判所が行うときのものである。納税者がこれらの方法に準じて計算しようとするときは同業類似法人のデータを入手する必要があることから、納税者側が裁判にも耐え得る適正額を役員退職給与の支給時点で算出することは難しい。また、仮にデータを入手できたとしても、どの法人を同業類似法人とすべきかという点も裁判等での争点であることからして、否認されない適正額の算定は非常に困難であるといえる。

そこで、実務上は、最終報酬月額に勤続年数及び役位別係数を乗じた金額、すなわち功績倍率法に準じて役員退職給与額を計算するということが行われている。功績倍率は算出できなくても、その会社の最終報酬月額が適正額という前提で、功績倍率を代表取締役なら3.0程度として計算するのである。

税務調査の段階においても、「最終報酬月額×勤続年数×3.0」による適正額計算が行われている事実もある。ただし、ここで留意すべき点として、再調査以後の場面では３倍基準よりも厳しい倍率が主張されることがあるということを挙げておこう。裁決例や裁判例を読むと、審査請求などしないほうが良かったと思える事例もある（Q15参照）。

また、退職直前に役員報酬を増額させるなど、最終報酬月額が適正額かどうかを問われるような事案であれば、最終報酬月額を修正した金額で適正額を主張される可能性もある点に留意すべきである。

なお、課税庁は、３倍基準について、役員退職給与だけでなく功労加算金も含めて判定している点にも留意すべきである。

ココに注目！

- 役員退職給与に関する事項が定款に定められていないときは、株主総会の決議を経なければならない。
- 税務調査の段階ではいわゆる３倍基準が認められていることが多い。

❷ 支給時期と税務上の留意事項

Q 4

役員退職給与の支給時期について、税務上、注意すべきことがあれば教えてください。

A　役員退職給与は、使用人の退職金と異なり、報酬の後払としての債務性はないため、株主総会決議でその支給を決議しない限り、債務として認められないのが原則である。ただし、税務上は、総会決議がなくても、支給かつ損金経理をもって損金算入を認める通達も用意している。

1　債務確定と損金算入時期

Q 1のとおり、役員退職給与は、株主総会決議でその支給を決議しない限り、確定した債務として認められない。

法人税法においても、役員退職給与を含む販管費については、債務として確定しているもののみ損金算入を認めている。

●法人税法

第22条　（略）

3　内国法人の各事業年度の所得の金額の計算上当該事業年度の損金の額に算入すべき金額は、別段の定めがあるものを除き、次に掲げる額とする。
一　（略）
二　前号に掲げるもののほか、当該事業年度の販売費、一般管理費その他の費用（償却費以外の費用で当該事業年度終了の日までに債務の確定しないものを除く。）の額
（以下略）

つまり、法人税法上の役員退職給与の損金算入時期は、債務の確定時である株主総会決議の支給決議日となる。通達でも、その旨が規定されており、損金経理の有無を問わず、決議日に損金算入となる。

●法人税基本通達

（役員に対する退職金の損金算入の時期）
9－2－28　退職した役員に対する退職給与の額の損金算入の時期は、株主総会の決議等によりその額が具体的に確定した日の属する事業年度とする。ただし、法人がその退職給与の額を支払った日の属する事業年度においてその支払った額につき損金経理をした場合には、これを認める。

このただし書の前は、本文と呼ばれるが、この法人税基本通達９－２－28「本文」は、法制上の取扱いにより債務確定することを確認的に記載したものである。課税庁が職権更正を行う場合の損金算入時期は、こちらによることになる。

2　損金経理を要件に支給日を損金算入時期とすること

一方で、法人税基本通達９－２－28の「ただし書」には、注意が必要である。

この「ただし書」は、納税者が自主的に、支給日ベースで損金経理した場合に、課税庁がそのまま損金算入を認めるという、例外規定である。

そうすると、支給決議日でも支給日でも、納税者が好きなほうを損金算入時期として選択できるか、という疑問が生じる。

この「ただし書」の取扱いは、逐条解説において以下のように解説されている。

●課税庁の解説

……、社内的に役員退職給与規程等の内規を有する法人が、取締役会等の決議により当該規程等に基づいて退職給与を支払いこれを費用として計上しているような場合についてまで、原則的な取扱いにより支払時の損金算入を認めないとすることは、役員に対する退職給与の支給の実態から見て余りにも頑なであるといわざるを得ない。

さらに、当該退職給与の支払時に所得税の源泉徴収又はみなし相続財産としての相続税課税がされているにもかかわらず、株主総会の決議等を経ていないということのみをもって、法人税法上、支払時の損金算入を認めないとすることについては、会社法上はともかくとして、税務上は必ずしも実態に即していないと考えられる。

他方、株主総会の決議等により退職給与の額を定めた場合においても、役員であるという理由で、短期的な資金繰りがつくまでは実際の支払をしないということも、企業の実態として十分あり得ることであろう。このような場合においても、原則的な取扱いしか認めないとすれば、その退職給与の額が不相当に高額でもともと損金として認め得ないようなものであるときやその退職給与の支払が大幅に遅れるなどその確定自体に疑義があるときは格別、実態として損金として認めてよいようなものであるときは、やや実情に反するというべきであろう。

（出典）　高橋正朗編著『法人税基本通達逐条解説　十訂版』（税務研究会）915頁

つまり、実態・実情に即した対応をせよ、ということである。

あくまで国税側の善意で認められている例外的な取扱いであり、納税者がタックスプランニング的に損金算入時期を選択できるものではない、ということは理解しておく必要がある。

●図表－2　役員退職給与の損金算入時期（法基通9－2－28）

原　則（本文）	株主総会決議による債務確定期の損金
例外（ただし書）	納税者の選択により、損金経理を条件に支払期の損金とすることが可能

なお、退職給付引当金を計上している場合の損金経理要件には注意が必要である。役員退職給付引当金の取崩しの仕訳のみで、法人税基本通達9－2－28の「ただし書」にある損金経理要件を満たすかという問題が生じる。

（借）	退職給付引当金	××	（貸）	預　金	××

ここは、役員退職給与の支給であることを明らかにするために損金経理が求められている趣旨を鑑み、役員退職給付引当金の取崩しによる戻入益と役員退職金の損金計上との両建経理をしておくほうがよいであろう。

この「ただし書」は、納税者が自主的に、支給日ベースで損金経理した場合に、課税庁がそのまま損金算入を認めるという、例外規定であるからだ。

(借)	役員退職金	××	(貸)	預　　　金	××
	退職給付引当金	××		引当金戻入益	××
	引当金戻入益	××		役員退職金	××

3 その他の実務上の留意事項

この他にも支給時期については、実務上の留意事項がいくつかある。各項目を参照してほしい。

- 使用人退職金の支給との関係➡Q1
- 分割支給の可否➡Q5、Q6

落とし穴

- 納税者の意向のみで、役員退職給与の損金算入時期を選択できるわけではない。

❸ 支給方法(未払の可否)の基本的留意事項

Q 5

役員退職給与の支給方法は、どのようなものが税務上認められているのでしょうか?

Ⓐ 債務が確定していれば未払金計上も認められるが、利益調整等の疑惑を避けるためにも、いったんは振込みで支給しておくべきである。また、長期の分割払の場合には、退職年金と認定される可能性に注意が必要である。

1 実質退職における役員退職給与の支給方法

役員退職給与は、株主総会決議でその支給を決議することによって、債務として確定する。債務が確定していれば、その支払がされていない未払の状態であっても、基本的には問題になることはないはずである。

しかし、未払金計上から全額支払までが、極端に長期間にわたるものである場合には、当初からその額が確定していたのかという事実認定についての争いがあり得る。その場合、支給の都度に損金算入する退職年金として扱うべき、と指摘される可能性も出てくるし、そうなれば受け取る個人においても、退職金と退職年金とでは、その所得区分が変わってしまう。当然、源泉徴収の計算も異なることになる。

●法人税基本通達

（退職年金の損金算入の時期）
9－2－29　法人が退職した役員又は使用人に対して支給する退職年金は、当該年金を支給すべき時の損金の額に算入すべきものであるから、当該退職した役員又は使用人に係る年金の総額を計算して未払金等に計上した場合においても、当該未払金等に相当する金額を損金の額に算入することはできないことに留意する。

実務上は、分割期間として４年が、退職一時金の分割払か有期年金の年金支払かのメルクマールだと言われているが、絶対的なものでもないことは理解しておくべきであろう。

また、そもそも決算書に退職金支払債務として長期間残っている場合には、その退職は本当だったのか、という退職の事実自体に疑念が生じることも考えられる。

いずれにしても、役員退職給与の未払金計上は、税務調査の呼び水となり得ることを理解し、できる限り、一括での振込みを心掛けるべきである。

仮に、法人の資金繰りに懸念があるのであれば、いったん退職金を実際に支払い、その後、個人から法人が借入れをするという選択肢も検討すべきである。

ココに注目！

●退職金債務の長期間の未払金計上は、税務調査の呼び水と理解する。

2 分掌変更役員退職給与の支給方法

分掌変更に伴う退職金は、原則未払金計上は不可であり、一括支払が条件である。通達でもその旨が注書として規定されている。

●法人税基本通達

（役員の分掌変更等の場合の退職給与）

9－2－32　法人が役員の分掌変更又は改選による再任等に際しその役員に対し退職給与として支給した給与については、その支給が、例えば次に掲げるような事実があったことによるものであるなど、その分掌変更等によりその役員としての地位又は職務の内容が激変し、実質的に退職したと同様の事情にあると認められることによるものである場合には、これを退職給与として取り扱うことができる。

⑴　常勤役員が非常勤役員（常時勤務していないものであっても代表権を有する者及び代表権は有しないが実質的にその法人の経営上主要な地位を占めていると認められる者を除く。）になったこと。

⑵　取締役が監査役（監査役でありながら実質的にその法人の経営上主要な地位を占めていると認められる者及びその法人の株主等で令第71条第１項第５号《使用人兼務役員とされない役員》に掲げる要件の全てを満たしている者を除く。）になったこと。

⑶　分掌変更等の後におけるその役員（その分掌変更等の後においてもその法人の経営上主要な地位を占めていると認められる者を除く。）の給与が激減（おおむね50％以上の減少）したこと。

（注）　本文の「退職給与として支給した給与」には、原則として、法人が未払金等に計上した場合の当該未払金等の額は含まれない。

ただし、ある判決が理由で、この実務に混乱が生じたことがある。それは、Q18にある東京地裁平成27年２月26日の納税者勝訴の判決である。

この判決の詳細は、**Q18** のとおりだが、この判決を勘違いして理解している専門家も少なくない。この判決は、退職時において合理的な理由に基づく短期間での分割払を計画しているケースに限り、例外的に分割支給を認めたものである。会社都合による一時的な資金繰りなどの事情を除けば未払金処理を認めない、という原則に変わりはないので再認識しておきたい。

落とし穴

- 分掌変更役員退職給与の未払金計上が認められたわけではない。

❹ 分掌変更役員退職給与の基本的留意事項

Q 6

役員の分掌変更に伴い、退職給与を支払うこととしました。税務上、留意する点についてご教示ください。

A　分掌変更退職給与の最大のポイントは、退職の事実認定である。調査では、退職の事実について、納税者と課税庁との認識の違いが表面化する。我々実務家は、法人税基本通達と裁決例や裁判例等を通じて論点を整理しておく必要があるだろう。

1　分掌変更退職給与の基本的理解

(1)　分掌変更の意味内容

ここでの分掌変更とは、仕事の分担・業務内容の大きな変更のことをいう。例えば、常勤取締役が非常勤取締役になることや、取締役が監査役になることなどである。

そもそも、退職給与は、「退職に因り」支給されるものである。しかし、税務上は、引き続き在職する場合であっても、その分掌変更が実質的に退職と同様の事情にあるときには、その支給した金額を退職給与として取り扱うこととしている（法基通９－２－32）。

この分掌変更退職給与について、青山学院大学の渡辺淑夫名誉教授は、「わが国の企業社会においては、役員の退職に当たりいったん形だけの役職に就いた後に身を引くといった『引退の花道』が用意されることが多いことに着目して設けられている取扱いである」（税務弘報平成28年12月号）と語っている。つまり、税務が想定している分掌変更とは、地位の低下を前提とするものであり、監査役が取締役になるようなケースは通達の射程外ということである。

●法人税基本通達

（役員の分掌変更等の場合の退職給与）

9－2－32　法人が役員の分掌変更又は改選による再任等に際しその役員に対し退職給与として支給した給与については、その支給が、例えば次に掲げるような事実があったことによるものであるなど、その分掌変更等によりその役員としての地位又は職務の内容が激変し、実質的に退職したと同様の事情にあると認められることによるものである場合には、これを退職給与として取り扱うことができる。

(1)　常勤役員が非常勤役員（常時勤務していないものであっても代表権を有する者及び代表権は有しないが実質的にその法人の経営上主要な地位を占めていると認められる者を除く。）になったこと。

(2)　取締役が監査役（監査役でありながら実質的にその法人の経営上主要な地位を占めていると認められる者及びその法人の株主等で令第71条第１項第５号《使用人兼務役員とされない役員》に掲げる要件の全てを満たしている者を除く。）になったこと。

(3)　分掌変更等の後におけるその役員（その分掌変更等の後においてもその法人の経営上主要な地位を占めていると認められる者を除く。）の給与が激減（おおむね50％以上の減少）したこと。

（注）　本文の「退職給与として支給した給与」には、原則として、法人が未払金等に計上した場合の当該未払金等の額は含まれない。

⑵　分掌変更退職給与通達の改正

現状の分掌変更退職給与通達は、京都地裁平成18年２月10日判決を受けて、従前の取扱いに２点修正が加わった。具体的には、⑶の文章中にかっこ書が加わったことと、最後に注書が加わったことである（通達番号も従前の９－２－23から９－２－32へと変更されている）。

京都地裁判決以前は、役員の給与を50％以下にして、分掌変更退職給与を支払うといったケースが横行していたようだ。他の例示には、それぞれかっこ書があって、たとえ常勤役員が非常勤役員になったり、あるいは、取締役が監査役になったりしたとしても、その法人の経営上主要な地位を占めていると認められる者は対象外とされていたからである。役員給与が激減した場合には、そのようなかっこ書が存在しなかったため、役員給与さえ50％以下に引き下げれば、役員退職給与の損金算入は認められるものと安易な考えが蔓延していたのである。

現行通達の下では、分掌変更の解釈は従前以上に厳密に行う必要がある。通達に示されているように「実質的に退職したと同様の事情にあると認められること」が要件として求められていることを決して忘れてはならない。

落とし穴

- 役員給与を半額以下に引き下げても、即、役員退職給与が損金算入できるわけではない。

⑶　筆頭株主である役員の分掌変更退職給与

「Ａ社の株式を60％保有する筆頭株主が代表取締役を退任し、監査役に就任する。その際、役員退職給与を受給しようと思うが、税務上の問題はないか？」との問いかけにどのように回答すべきだろうか。当然のことながら、法人税基本通達９－２－32の分掌変更退職給与通達に照らして、判断をすることになる。

注意すべきは、分掌変更後も「経営上主要な地位を占めている」と認定されないかどうかである。筆頭株主であることが、そのまま「経営上主要な地位を占めている」と判断されるケースもあるようだが、ここは、形式的に判断するのは早計である。すなわち、閉鎖的な中小企業においては、実態として株式の保有割合が重要視されていない場合もあり、その場合には、実質的な経営判断、業務の決済等、重要な業務事項が誰の手によってなされているかがポイントとなるからである。

東京地裁平成20年６月27日判決（Q19参照）で、「乙が筆頭株主としてＸ会社に何らかの影響を与え得るとしても、それはあくまで株主の立場からその議決権等を通じて間接的に与え得るにすぎず、役員の立場に基づくものではないから、株式会社における株主と役員の責任、地位及び権限等の違いに照らすと、Ｘ社における株式保有割合の状況は、乙が実質的に退職したと同様の事情にあると認める妨げとはならないというべきである」といっているように、「筆頭株主＝経営上の主要な地位」となるとは限らないのである。

ココに注目！

- 筆頭株主であることがそのまま、法人税基本通達９－２－32でいう「実質的にその法人の経営上主要な地位を占めていると認められる者」に該当するわけではない。

2　分掌変更退職給与の未払支給の可否

上記の通達は、一種の特例として打切支給を認めているものと理解できる。あくまでも、法人が分掌変更により「実質的に退職したと同様の事情にあると認められる」役員に対して支給した臨時的な給与を退職給与として認める趣旨である。よって、上記通達の適用により退職給与とされるものは、法人が実際に支払ったものに限定され、未払金等に計上したものは含まれない。このことは、上記通達の注書でも明らかである。

しかしながら、役員退職給与という性格上、その法人の資金繰り等の理由により一括支給が難しい場面も想定される。そのようなやむを得ない事情による一時的な未払金等による退職金計上をも排除することは適当ではない。したがって、注書においては「原則として」という文言が付されており、未払退職金がすべて除外されるわけではないことを留意的に示している。

仮に、役員退職給与を分割支給した場合にはどのような取扱いになるのであろうか。例えば、役員退職給与の総額を１億5,000万円とした場合に、３事業年度にわたって、それぞれ5,000万円ずつ支給したようなケースである。上記通達により、未払金等が認められないとされている関係上、退職給与を分割支給して、その都度、損金算入するとの取扱いが認められないとする見解がある。

●法人税基本通達

（役員に対する退職給与の損金算入の時期）

9－2－28　退職した役員に対する退職給与の額の損金算入の時期は、株主総会の決議等によりその額が具体的に確定した日の属する事業年度とする。ただし、法人がその退職給与の額を支払った日の属する事業年度においてその支払った額につき損金経理をした場合には、これを認める。

法人税基本通達９－２－28のただし書は、分掌変更退職給与の場合には適用されないとする考え方である。これについては、東京地裁平成27年２月26日判決（Q18参照）によって、一応の決着を得た。この裁判で、課税庁は「支給年度での損金経理を認めた法人税基本通達９－２－28ただし書は完全に退職した場合にのみ適用されるものであり、分掌変更の場面での適用は予定されていない」と主張した。これに対し、裁判所は「その費用をどの事業年度に計上すべきかについては公正処理基準（法法22④）に従うべき」という判断の枠組みを示し、「法人税基本通達９－２－28ただし書に依拠した本件会計処理は公正処理基準に従ったものといえるため」分割支給した金員を損金算入することは可能と判断した。

この判決が実務にそのまま応用できるのか気になるところではあるが、租税研究平成29年３月号の中山孝道「実務講座法人税Ｑ＆Ａ」(461頁）では、「この判決に対する国税当局の対応が注目されましたが、役員の分掌変更が『実質的に退職したと同様の事情にあると認められる』ケースにおいて、『分割支払いに至った事情に一定の合理性があり、分掌変更段階において退職金の総額や支払いの時期が明確に定められている場合』には、支払った事業年度で損金算入が認められるようです」としている。利益操作につながるようなお手盛りの支給では損金計上を認めるわけにはいかないが、きちんと支給総額や支給時期が株主総会で明確に決定されているのであれば、実務上も、分割支給が認められるということなのであろう。

ココに注目！

● 分掌変更退職給与の分割支給であっても、一定の要件を満たせば支給の都度、損金算入が認められる。

3 退職の事実認定

分掌変更退職給与を支給した場合に、最も重要な論点となるのは、「実質的に退職したと同様の事情にある」か否かという点である。税務調査の場面では、引き続き経営上の主要な地位を占めているとの事実認定がされるケースが少なくない。例えば、平成29年７月14日裁決では、国税不服審判所は、分掌変更退職給与について退職給与ではなく損金不算入の役員給与に該当すると判断しており、その根拠は次のような内容であるとした。

① 数年にわたって、請求人の事業所の操業継続に支障を及ぼすようなトラブル解決のために事業所周辺の住民等に金員を支払うことを、請求人の代表取締役Ａや取締役Ｂに相談することなく決定。その事業年度や翌事業年度において申告所得額の約1割前後にも及ぶ多額の住民対策費を支払っていた。

➡ 分掌変更後も請求人の事業に関する重要な意思決定及びその

執行の一部を行っていた。

② 少なくとも、単発的に発生する流れ屑の購入取引における流れ屑の評価についてアドバイスをしたほか、請求人の取引先の幹部に対する接待を担当していた。

➡ 分掌変更後も請求人の営業面において相応の役割を果たしていた。

③ 代表取締役Aと金融機関との交渉の場に立ち会い、自らの意見を述べることもあった。

➡ 分掌変更後も金融機関との折衝の場面で一定の役割を果たしていた。

④ 取締役会で代表取締役の選定及び役員給与の変更について、その決定に携わったり、経営会議において事業用資産の購入を決定したりするなどした。

➡ 分掌変更後も請求人の事業及び人事に関する重要な決定事項に関与していた。

⑤ 請求人における経費に係る多数の領収書を自らチェックしていた。

➡ 分掌変更後も経理面において、請求人の経費の支出状況を監視していた。

このほか、平成26年10月16日裁決では、次の事実認定により、上記と同様に分掌変更退職金の損金算入が否認されている。

① りん議書決裁への関与等

- りん議書に決裁印が押されている。
- 営業会議等の議事録に議事録作成者としての押印がある。

② 人事関係に関与

- 従業員賞与の評価に関与していた。

• 「賞与平成23年冬期手当」の表に押印がされていた。

③　財務関係への関与

• 売上予算の策定に関与していた。
• 資金調達に関与していた。
• 取引銀行との対応を行っていた。
• 親会社からの資金調達要求の調整役を担っていた。

このように、「実質的に退職したと同様の事情にある」とは認められないとして否認された事例は枚挙にいとまがない。しかし、否認事由は大方上記に掲げた内容のいずれかに収斂されるのではないかと思われる。税務調査で余計な誤解を招くことのないよう、分掌変更後の軽率な行動は厳に謹んでもらう必要があるのだろう。

ちなみに、分掌変更役員退職給与が否認される場合の、課税上の取扱いは、いわゆるトリプルパンチ課税となる。

●図表－3　分掌変更役員退職給与におけるトリプルパンチ課税

税　目	取　扱　い
法　人　税	役員退職給与➡役員退職給与以外の役員給与➡定期同額給与等以外の役員給与で全額損金不算入
所　得　税	退職所得➡給与所得
源泉所得税	退職所得の源泉徴収税額➡給与所得の源泉徴収税額（源泉所得税・住民税特別徴収漏れ）

仮に、分掌変更役員退職給与以外で、役員退職給与の否認が生じるとすれば、通常は、過大役員退職給与の問題となる。その場合には、相当額を超える部分の否認にすぎないし、実際に退職していれば、受給者は退職所得での課税は変わらない。

分掌変更役員退職給与の場合、このような部分的な救済が一切なく、すべてが否定されてしまうことになるので、実務上は、絶対に失敗できないと考えるべきだろう。

そもそも論ではあるが、我々実務家とすれば、できるだけ分掌変更ではなく完全退職を推奨するほうが望ましい。やむを得ず、分掌変更退職給与を支給する必要がある場合は、上記のような否認がされることのないよう、しっかりと事前確認を行っておくべきである。

ココに注目！

- できるだけ、完全退職による退職金支給を勧める。やむを得ず、分掌変更退職給与を支給する場合には、実質的に退職したと同様の事情にあると認められるか確認すべき。

❺ 不相当高額否認の基本的留意事項

Q 7

不相当に高額な役員退職給与についての争点について教えてください。

A 裁判所又は不服審判所若しくは課税庁における不相当に高額な役員退職給与かどうかの判定に当たっては、平均功績倍率法によるのが一般的で、代替手法として1年当たり平均額法又は最高功績倍率法が採用される。平均功績倍率法による場合であっても、適正額算出のための要素はいくつもあるので、その争点を理解しておくことが必要である。

1 法令の定め

内国法人が各事業年度においてその退職した役員に対して支給した退職給与（隠ぺい又は仮装経理による給与を除く）の額が、当該役員のその内国法人の業務に従事した期間、その退職の事情、その内国法人と同種の事業を営む法人でその事業規模が類似するものの役員に対する退職給与の支給の状況等に照らし、その退職した役員に対する退職給与として相当であると認められる金額を超える場合におけるその超える部分の金額（不相当に高額な部分の金額）は、損金の額に算入されない（法法34②、法令70二）。

裁決や裁判における不相当に高額な部分の金額の算定に当たっては、一般的に平均功績倍率法が使われる。

●図表－4　不相当に高額な部分の金額

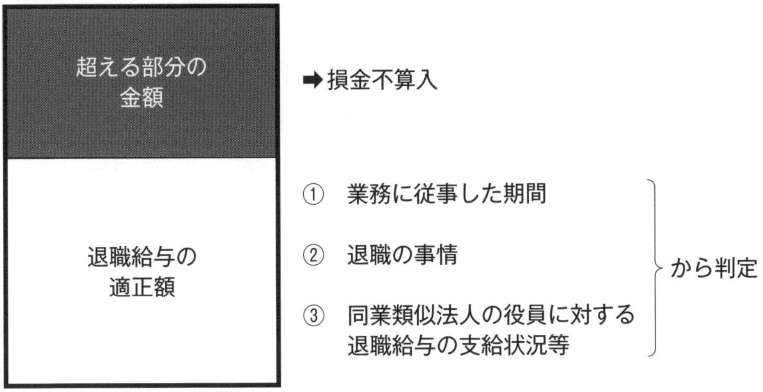

2　平均功績倍率法の適用根拠

平均功績倍率法とは、退職役員に退職給与を支給した当該法人と同種の事業を営み、かつ、その事業規模が類似する法人（以下「同業類似法人」という）の役員退職給与の支給事例における平均功績倍率に、当該退職役員の最終報酬月額及び勤続年数を乗じて算定する方法である。

最終報酬月額、勤続年数及び平均功績倍率を用いて役員退職給与の適正額を算定する平均功績倍率法は、最終報酬月額、勤続年数及び平均功績倍率が次のような性格があるので、その同業類似法人の抽出が合理的に行われるかぎり、法人税法34条及び同法施行令70条の趣旨に最も合致する合理的な方法であると、多くの裁判例で示されている。

① 最終報酬月額は、通常、退職役員の在職期間中における報酬の最高額を示すものであるとともに、退職の直前に大幅に引き下げられたなどの特段の事情がある場合を除き、退職役員の在職期間中における法人に対する功績の程度を最もよく反映している。

② 勤続年数は、法人税法施行令70条2号で規定する「当該役員のその内国法人の業務に従事した期間」に相当する。

③ 功績倍率は、役員退職給与額が当該退職役員の最終報酬月額に勤続年数を乗じた金額に対し、いかなる倍率になっているかを示す数値であり、退職役員の法人に対する功績や法人の退職給与支払能力など、最終報酬月額及び勤続年数以外の役員退職給与の額に影響を及ぼす一切の事情を総合評価した係数であるということができる。そして、同業類似法人における功績倍率の平均値を算定することにより、同業類似法人間に通常存在する諸要素の差異やその個々の特殊性が捨象され、より平準化された数値が得られる。

また、平均功績倍率法が妥当とされる理由の1つに、民間会社が行った役員退職給与に関する調査で、計算基準を明示した会社のうち約63%が「最終報酬月額×在任期間×一定の数値」により退職給与金の計算をする方式をとっていたことが挙げられている（広島高裁平成4年3月31日判決）。

このように、特殊な事情がなければ平均功績倍率方式により計算するのが一般的で、それによれない場合だけ代替的手法を検討することになろう。

平均功績倍率法によれない場合とは、役員報酬額が零となっていたり、著しく低額となっていたりして、同業類似法人の選定が適切にできない場合である。このような場合は、1年当たり平均額法や最高功績倍率法により不相当に高額な部分の金額が算定される。

1年当たり平均額法により適正額が計算されたものとして、札幌地裁昭和58年5月27日判決が、最高功績倍率法によるものは、広島高裁平成4年3月31日判決がある。

以下、平均功績倍率法の主な争点について記す。

3 同業類似法人の選定

同業類似法人の選定については、判定法人と「同種の事業を営む法人でその事業規模が類似するもの」である必要がある。

(1) 同種の事業を営む法人

同種の事業を営む法人とは、業種業態がまったく同一であることを要するものではなく、判定法人との間で退職給与の額の水準が同程度であると考えられる範囲内のものであれば足りる（名古屋高裁平成4年6月18日判決）との判決がある。当該判決では、「本件基準が日本標準産業分類の分類項目表による大分類〈1〉－卸売・小売業、飲食店のうち、中分類50－繊維・機械器具・建築材料等卸売業に含まれる事業を営んでいることを内容としていることは、原告の事業種目が金型販売業であり、右中分類に含まれるものである事実が当事者間に争いがないことに照らし、合理的であるというべきである」としている。

(2) 事業規模が類似するもの

法人の事業規模を示す指標としては、資本金額よりもむしろ売上金額、所得金額、純資産価額等のほうがより適切な指標として重視されるべきものと解される（名古屋高裁平成４年６月18日判決）。

4 最終報酬月額

業績悪化等の事由により職務内容に応じた報酬を受け取っていなかった場合や、代表取締役だった者が退任時に非常勤取締役となっていたことなどの特段の事情により低額の報酬しか受給していない場合は、適正額に置き換えて計算する必要がある（高松地裁平成５年６月29日判決）。

退任直前に不当に報酬の増額をしている場合も適正額への置換えが必要であるが、それがされていない場合は適正額により算出された平均功績倍率法により不相当に高額な部分が否認される可能性が高いといえる。

5 功績倍率

裁判で登場する功績倍率とは、次の算式で計算したものであり、裁判や裁決の結果導き出されるものである。会社が退職給与を計算する場合の、いわゆる役位別係数とは異なる。

$$\text{功績倍率} = \frac{\text{退職給与の額}}{\text{最終報酬月額} \times \text{勤続年数}}$$

1.18の功績倍率により適正額が計算された裁判例がある（Q15参照）が、これをもって役位別係数の3.0により計算したものが認められなくなるものではない。平取締役期間10年について1.0倍、専務取締役期間５年について2.0倍、社長期間２年について3.0倍として、各役職における功績倍率額を積み上げげて支給額を算定することは、ごく自然でもある。

最終報酬月額や勤続年数が適正に計算されている前提であるが、一般的な役位別係数に基づく役員退職給与であれば、否認される可能性は低いといえよう。

なお、国税速報第6698号（令和４年３月14日）「任期中分掌変更により月額報酬が激減した役員の過大退職金の判定」（鈴木博）において、この積上げ計算を合理的としている。

6　勤続年数

勤続年数は、退職した役員の役員である期間で計算する。法人成りした法人の個人事業時代の在職期間は勤続年数に含まれない（高松地裁平成５年６月29日判決）。

また、みなし役員期間を勤続年数に含めることを否認したものがある（平成元年６月21日裁決）が、これは、みなし役員であることの事実を否認したものである。

ココに注目！

- 不相当に高額な役員退職給与かどうかの判断に際しては多くの要素があることを認識すべき。

❻　死亡保険金と退職給与支給額

Q 8

役員を被保険者とする死亡保険金が会社に入りました。本人のために掛けていたものなので、全額を役員の遺族に支給しようと思いますが、何か問題がありますか。

Ⓐ　死亡保険金の額と、役員退職給与の適正額は税務上、直接の関係はない。保険金額は、あくまで支給のための原資になるにすぎない。税務上の適正額を超える支給を行えば、損金不算入額を生じることになる。

1　死亡保険金と退職給与との関係

死亡保険金の受取額を、そのまま死亡した役員の遺族に支給してよい、との誤解は極めて多い。

しかしながら、死亡保険金の額をそのまま死亡した役員の遺族に支給する場合、役員退職給与の適正額を超過する部分の不相当高額否認による損金不算入額を生じる可能性がある。保険金の額は、役員退職給与を支給する際の原資ではあっても、相当額保障の機能は果たさない。

●図表－5　役員生命保険金をそのまま遺族に退職給与として支給した場合の課税関係（金額は仮の設例）

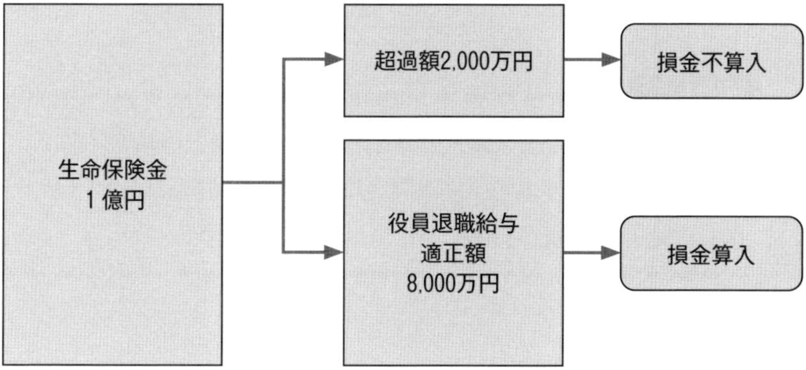

にもかかわらず、このような誤解が生じるのは、そもそも、法人が役員の死亡保険に加入する際に、死亡退職金に備えるものだとの理由で加入することが多いためであろう。

ところが、実際に死亡する時期は、保険金加入時の想定どおりにはまずならない。加入時の想定では、死亡退職金額は、役員退職給与の適正額と合致させているつもりであっても、想定よりも先に死亡してしまうと、死亡時に両者が連動する要素が存在しないからだ。保険金の受取額は、「預金は三角、保険は四角」とも呼ばれるように、時系列で考えると、ほぼ一定額となるのが通例である。しかし、役員退職給与の適正額は、通常、最終報酬月額×勤続年数×功績倍率で計算する以上、基本的には、右肩上がりのカーブとなる。両者が合致することはまずなく、むしろ、非常に大きな乖離額を生じることのほうが多いだろう。

ただし、法人税法上は損金不算入額を生じ、法人に多額の課税が生じる可能性があることを承知の上であれば、死亡保険金をそのまま役員退職給与として支給する選択肢もある。このあたりは、バランス感覚の問題になるため、状況により判断すべきであろう。

落とし穴

- 死亡退職金をそのまま本人遺族に払うと、税務上は損金不算入額を生じることがある。それでもあえて支給するのかどうか、立ち止まって判断が必要。

2 死亡保険金の収益計上時期

一般に誤解が非常に多いのが、死亡保険金の法人における収益計上時期である。この時期については、大まかに次の４通りが考えられる。

〈死亡保険金の法人における収益計上時期〉

① 役員（被保険者）の死亡時あるいはその事実を知った日
② 保険会社への通知日あるいは請求日
③ 保険会社から支払通知を受けた日
④ 保険金の支払を受けた日

一部の書籍、あるいは、ネットの情報などでは、①を原則としつつも、その他の処理が認められることもあるので、所轄の税務署と相談すべしとしているものもある。１つの考え方としてはないわけではないが、これ自体は、課税庁の見解とは異なっている。

課税庁では、「原則として、保険会社から支払通知を受けた日の属する事業年度において収益に計上することが相当と認められます」としている（小田嶋清治編『回答事例による法人税質疑応答集 平成16年版』（大蔵財務協会）58頁）。

つまり、上記①は、「保険金が支払われる１つの要件を具備したにすぎ」ないと判断し、②も、「支払われるかどうかは、保険会社の調査等の後に決定される」としている。そのため、「原則として、保険金を受け取ることが明らかとなる③において収益に計上することが相当であると考えられます」と述べている（同）。

請求を明らかに遅延させるなどの租税回避事案があるため、「原則として」との限定を行っているものの、通常は、支払通知日ベースでの計上でよいとしているものであり、妥当な取扱いといえるだろう。

落とし穴

- 租税回避を考えない限り、支払通知日での収益計上でＯＫ。これは、株価計算とはまったく別個に考える点も注意。

3 自社株評価における取扱い

相続税における自社株評価での、１株当たり純資産価額の計算（第５表　１株当たりの純資産価額（相続税評価額）の計算明細書）では、この死亡保険金と退職給与の取扱いが規定されている。

（参　考）

- 「取引相場のない株式（出資）の評価明細書の記載方法等」（令和３年３月１日以降用）

https://www.nta.go.jp/law/tsutatsu/kobetsu/hyoka/kaisei/r0109/pdf/01.pdf

自社株評価は、原則、課税時期現在で仮決算を組むべきとされているものの、実務上は、仮決算を組まず、直近期末の決算書等を利用して評価することが少なくない。

その場合、帳簿に記載がない場合でも、支給確定した死亡退職金については、負債の部の「相続税評価額」欄及び「帳簿価額」欄のいずれにも記載するものとされている。

さらに、被相続人の死亡により評価会社が生命保険金を取得する場合には、その生命保険金請求権（未収保険金）の金額を「資産の部」の「相続税評価額」欄及び「帳簿価額」欄のいずれにも記載する。ここで、この生命保険金に係る生命保険積立金額については、「相続税評価額」欄及び「帳簿価額」欄のいずれからも控除することで、二重計上を排除することになる点注意が必要である。

その上で、生命保険金額から、生命保険金の掛金の資産計上額及び支払退職金を控除した後に生じる保険差益の額に37%を乗じて計算した法人税等相当額も負債に計上することになる（「評価会社が受け取った生命保険金の取扱い」（国税庁質疑応答事例）https://www.nta.go.jp/law/shitsugi/hyoka/08/01.htm）。

（受取保険金額－保険積立金の金額－支払退職手当金等）× 37%

この保険差益の法人税等相当額についても、負債の部の「相続税評価額」と「帳簿価額」欄のいずれにも計上することになる。

なお、評価対象法人が欠損法人であり、青色欠損金が存在している場合には、保険差益額の計算上、青色欠損金の充当後で計算することが必要になるので、注意が必要となる。

●国税庁質疑応答事例

評価会社が受け取った生命保険金の取扱い

【照会要旨】

１株当たりの純資産価額（相続税評価額によって計算した金額）の計算に当たって、被相続人の死亡を保険事故として評価会社が受け取った生命保険金は、評価会社の資産に計上するのでしょうか。

また、生命保険金から被相続人に係る死亡退職金を支払った場合には、その死亡退職金の額を負債に計上してよろしいですか。

【回答要旨】

受け取った生命保険金の額を生命保険金請求権として資産に計上します。なお、その保険料（掛金）が資産に計上されているときは、その金額を資産から除外します。

また、支払った死亡退職金の額及び保険差益に対する法人税額等を負債に計上します。

（理由）

1　被相続人の死亡を保険事故として、評価会社が受け取った生命保険金は、保険事故の発生によりその請求権が具体的に確定するものですから、生命保険金請求権として資産に計上することになります（「取引相場のない株式（出資）の評価明細書」の「第５表　１株当たりの純資産価額（相続税評価額）の計算明細書」の記載に当たっては、「相続税評価額」欄及び「帳簿価額」欄のいずれにも記載します。）。この場合、その保険料が資産に計上されているときは、その金額を資産から除外します。

また、その生命保険金を原資として被相続人に係る死亡退職金を支払った場合には、その支払退職金の額を負債に計上するとともに、支払退職金を控除した後の保険差益について課されることとなる法人税額等についても負債に計上します。

2　なお、評価会社が仮決算を行っていないため、課税時期の直前期末における資産及び負債を基として１株当たりの純資産価額（相続税評価額によって計算した金額）を計算する場合における保険差益に対応する法人税額等は、この保険差益によって課税所得金額が算出される場合のその課税所得の37％（※）相当額によって差し支えありません。

※　平成22年10月１日から平成24年３月31日までの間に相続等により取得した株式については「45％」、平成24年４月１日から平成26年３月31日までの間に相続等により取得した株式については「42％」、平成26年４月１日から平成27年３月31日までの間に相続等により取得した株式については「40％」、平成27年４月１日から平成28年３月31日までの間に相続等により取得した株式については「38％」になります。

【関係法令通達】

財産評価基本通達185、186、186－２

平成２年12月27日付直評23外「相続税及び贈与税における取引相場のない株式等の評価明細書の様式及び記載方法等について」通達　第５表２(4)

設　例

- 生命保険金受取額　　　１億円
- 死亡退職金支給額　　　7,000万円
- 保険積立金簿価　　　　2,000万円
- 青色欠損金　　　　　　500万円

保険差益に対する法人税額等＝

（１億円－2,000万円－7,000万円－500万円）×37％

＝500万円×37％＝185万円

●図表－6　取引相場のない株式の評価明細書（第5表）記載例

（単位：千円）

資産の部			負債の部		
科　目	相続税評価額	帳簿価額	科　目	相続税評価額	帳簿価額
生命保険金請求権	100,000	100,000	死亡退職金	70,000	70,000
保険積立金	0	0	保険差益に対する法人税額等	1,850	1,850

〈評価明細書記載上のポイント〉

- 元々帳簿記載のない項目であっても、同額を帳簿価額欄に記載する。
- 簿価が存在する保険積立金の欄をゼロで記載することを忘れない。

■書式3：役員退職給与支給決議株主総会議事録 取締役会・代表取締役非委任型（死後給付型）

臨時株主総会議事録

令和○○年○月○日10時00分より、当会社本店において、臨時株主総会を開催した。

当日の出席株主数並びに株式数は下記のとおり。

株主の総数	5名★1
発行済株式の総数	300株
議決権を行使することができる株主の数	5名
議決権を行使することができる株主の議決権の数	300個

出席株主数（委任状による者を含む）　　　　　　　　５名
出席株主の議決権の数　　　　　　　　　　　　　300個

出席役員　代表取締役　山 田 太 郎
　　　　　取　締　役　鈴 木 花 子
　　　　　取　締　役　中 村 太 郎
　　　　　監　査　役　田 中 一 郎

定刻、代表取締役　山田太郎　は議長席に着き、定款により議長たることを述べ、本総会の開会を告げ、本日の出席株主数及びその持株数、議決権数を前記のとおり報告し、定足数を満たしているので本総会は適法に成立した旨を述べ、直ちに議事に入った。

議　案　退職慰労金贈呈の件

議長は、当会社の取締役である佐藤次郎氏が、令和○年○月○日に死亡により退任したため、その在任中の功労に報いるため、次の通り退職慰労金を贈呈したい旨を述べ議場に諮ったところ、満場異議なく可決確定した。

退職慰労金の額：金1000万円
支払時期：令和○年○月○日
支払方法：遺族代表者口座へ振込★2

議長は、以上をもって本日の議事を終了した旨を述べ、11時00分閉会を宣した。

上記決議を明確にするため、本議事録を作成し、議事録作成者が次に署名押印する。

令和○年○月○日

株式会社山田産業　臨時株主総会

議事録作成者　代表取締役　山　田　太　郎　　印

★1：株主である役員が亡くなった場合に、株主の総数をどのように記載するか判断に迷うところがある。株式は株主の死亡とともに相続人の準共有となるため、会社が株主の死亡を知り、かつその相続人の全員を知っている場合には、遺産分割協議未了の間は、相続人全員を株主としてカウントして記載することが望ましいと考えられる。遺産分割が終了し、株式の帰属が定まり、株主名簿の記載も変更された場合には、株式の承継人のみを株主としてカウントするものと考えられる。なお、参考として「株主リスト」についての法務省の解説が参考になる。
https://www.moj.go.jp/content/001245821.pdf

★2：死亡退職金を遺族に支給するに当たり、遺族が複数いる場合には、どの遺族に支給すべきかという問題がある。支給法人側に退職金規程があればそれに従い、なければ当事者である遺族に代表者を決めてもらって払うのが実務である。

■書式4：役員退職給与支給決議株主総会議事録 取締役会・代表取締役委任型（死後給付型）

臨時株主総会議事録

令和○○年○月○日10時00分より、当会社本店において、臨時株主総会を開催した。

当日の出席株主数並びに株式数は下記のとおり。

株主の総数　5名★1

発行済株式の総数	300株
議決権を行使することができる株主の数	5名
議決権を行使することができる株主の議決権の数	300個
出席株主数（委任状による者を含む）	5名
出席株主の議決権の数	300個

出席役員	代表取締役	山田太郎
	取締役	鈴木花子
	取締役	中村太郎
	監査役	田中一郎

定刻、代表取締役　山田太郎　は議長席に着き、定款により議長たることを述べ、本総会の開会を告げ、本日の出席株主数及びその持株数、議決権数を前記のとおり報告し、定足数を満たしているので本総会は適法に成立した旨を述べ、直ちに議事に入った。

議　案　退職慰労金贈呈の件

議長は、当会社の取締役である佐藤次郎氏が、令和○年○月○日死亡により退任したため、その在任中の功労に報いるため、次のとおり退職慰労金を贈呈したい旨を述べ、本総会においてはその贈呈の総額を定め、具体的な額、支払時期、方法については取締役会の決議に一任したい旨を述べ、議場に諮ったところ、満場異議なく可決確定した。★2

退職慰労金の額：金3000万円

議長は、以上をもって本日の議事を終了した旨を述べ、11時00分閉会を宣した。

上記決議を明確にするため、本議事録を作成し、議事録作成者が次に署名押印する。

令和○年○月○日

株式会社山田産業　臨時株主総会

議事録作成者　代表取締役　山　田　太　郎　　印

★１：書式３参照（73頁）
★２：書式２参照（31頁）

❼　弔慰金と役員退職給与

Q 9

死亡した役員に役員退職給与を支払うのですが、弔慰金の支給も行うことができると聞きました。両方を支給してかまわないのでしょうか？

Ⓐ　弔慰金と役員退職給与とは性質が異なるため、両方の支給が可能だが、注意すべき点がある。

1　法務における弔慰金と役員退職給与との関係

弔慰金は、死者を弔い、遺族を慰める性質の、社会儀礼的に遺族に対して贈与される金銭である。そして、役員退職給与は、退職金たる性質の金員であり、本来亡くなった役員本人が受給すべきものである。両者の性質は異なるため、遺族に対して、両方を支給しても差し支えないことになる。

しかしながら、会社法においては、弔慰金もまた、在職中の職務執行の対価である場合には、報酬等の範囲に含まれるものと解されている。

○株式会社の取締役または監査役であった者に対して支給される退職慰労金（死亡の場合の弔慰金を含む。以下同じ。）は、それが在職中の職務執行の対価であるときは、商法269条にいう報酬に含まれると解

される。（最高裁昭和48年11月26日判決：関西電力弔慰金事件）

つまり、名目上弔慰金との名称を付した金員かどうかではなく、その金員の性質が問われることになるが、社会的儀礼の範囲内で、遺族への香典の趣旨で支払われる場合には、報酬等には含まれないと解されることになる。

ココに注目！

●弔慰金との名称に関係なく、金員の性質が問われる。

2 税務における弔慰金の範囲（相基通3－20）

上述のように、社会的儀礼の範囲内で、遺族への香典の趣旨で支払われる金員と、職務執行の対価として支払われる金員とは区別される。ただし、その境界は曖昧な部分もあることから、実務上は、相続税法基本通達3－20による区別が基準として機能している。

●相続税法基本通達

（弔慰金等の取扱い）

3－20　被相続人の死亡により相続人その他の者が受ける弔慰金、花輪代、葬祭料等（以下「弔慰金等」という。）については、3－18及び3－19に該当すると認められるものを除き、次に掲げる金額を弔慰金等に相当する金額として取り扱い、当該金額を超える部分の金額があるときは、その超える部分に相当する金額は退職手当金等に該当するものとして取り扱うものとする。

(1) 被相続人の死亡が業務上の死亡であるときは、その雇用主等から受ける弔慰金等のうち、当該被相続人の死亡当時における賞与以外の普通給与（俸給、給料、賃金、扶養手当、勤務地手当、特殊勤務地手当等の合計額をいう。以下同じ。）の３年分（遺族の受ける弔慰金等の合計額のうち３－23に掲げるものからなる部分の金額が３年分を超えるときはその金額）に相当する金額
(2) 被相続人の死亡が業務上の死亡でないときは、その雇用主等から受ける弔慰金等のうち、当該被相続人の死亡当時における賞与以外の普通給与の半年分（遺族の受ける弔慰金等の合計額のうち３－23に掲げるものからなる部分の金額が半年分を超えるときはその金額）に相当する金額

相続税法基本通達の取扱いではあるものの、本通達は、法人税法においても機能することを示した裁決例もある。

○請求人は、損金の額に算入されるべき弔慰金について、死亡退職した役員の最終報酬月額は80万円と評価されるから、同評価額の３年間分にあたる2,880万円が損金の額に算入されるべきである旨主張する。しかしながら、労働基準法第79条《遺族補償》及び相続税法基本通達３－20《弔慰金等の取扱い》からすると、死亡時直前の報酬月額の３年分に相当する金員が弔慰金として相当な金額であると認められるところ、最終報酬月額は50万円であり、80万円と評価すべき理由はないから、本件最終報酬月額50万円の３年分に相当する1,800万円を弔慰金として損金の額に算入した原処分は相当である。（平19.1.10広裁(法）平18－24）

なお、裁決要旨中で引用された労働基準法79条は下記であり、平均賃金の1,000日分となっているが、業務上死亡の場合の３年分とほぼ同視できるということであろう。

●労働基準法

（遺族補償）

第79条　労働者が業務上死亡した場合においては、使用者は、遺族に対して、平均賃金の千日分の遺族補償を行わなければならない。

また、元々の相続税法基本通達における、業務上の死亡か否かの判定は、労働法の考え方が基本になっているということを示している裁決例も存在している。

○請求人は、業務上の死亡の判定に当たり、①本件被相続人（経営者）の死亡を労災の認定基準に当てはめることは誤りであり、業務上の死亡は社会通念に従って判定すべきであること、②本件被相続人の自殺は、相続税法基本通達３－22の業務上の死亡に該当し、本件弔慰金は相続税法第３条第１項第２号の退職手当金等に該当しない旨主張する。しかしながら、業務上の死亡の判定を、業務遂行性及び業務起因性といった労働法の判定基準に準拠することは合理的と認められ、役員についても「業務上の死亡」かどうかは同様に判定すべきところ、労働法における自殺の取扱いでは、自殺は原則故意の死亡とされ、業務上の理由による発病がなければ業務起因性がないものとされている。これを本件についてみると、本件被相続人が業務上の理由により、発病していたという事実は確認することができないから、本件被相続人の自殺は、業務上の死亡とは認められない。（平17.9.12福裁（諸）平17－１）

ココに注目！

●実務上は、相続税法基本通達３－20による区別が基準。

3　弔慰金と役員退職給与を同時に振り込む場合の注意事項

弔慰金と役員退職給与は、支給事由としてはそれぞれ別々のものである。そのため、株主総会等における支給決議等についても、別々に行うことが必要になる。

両者を区分支給していない場合には、弔慰金として受給側で非課税取扱いが可能な部分はないものとされる。この点が指摘されたのが、下記裁決例である。

○請求人は、退職役員の退職事由は業務上死亡によるものであり、本件役員退職金には弔慰金及び慰謝料を含んでおり、不相当に高額な部分の金額はない旨主張する。しかしながら、①退職役員の死亡が業務上であることは、請求人が提出した資料によっても、当審判所の調査によっても認められないことから、請求人が慰謝料といった性格の金員を支給しなければならない理由は見当たらないこと、②本件役員退職金の会計処理は帳簿上及び損益計算書上とも弔慰金及び慰謝料に区分して経理されておらず、ほかに請求人の主張を確認できる証拠書類の提出もないこと及び③退職役員の相続人である請求人の現代表者は本件役員退職金を相続により取得した財産の中に含めて相続税の申告をしていることからすると、本件役員退職金に弔慰金及び慰謝料が含まれているとは認められず、この点に関する請求人の主張には理由がない。（平15.10.９金裁（法）平15－５）

落とし穴

- 税務を意識した弔慰金支給が念頭にある場合は、支給事由が異なる役員退職給与とまとめて支給決議するのは実務的には危険。

4 株式評価と弔慰金

既に、役員退職給与について株式評価における取扱いを述べた（Q8）が、この弔慰金については、受給側で課税された場合に限り、役員退職給与と同様に、負債扱いが可能となる。つまり、実質的に、退職手当金等であるとして相続税の課税価格に算入されるものに限り、負債として取り扱われることになる。

> ○取引相場のない株式の課税時期における１株当たりの純資産価額の計算を行う場合、退職手当金等も弔慰金も、課税時期、すなわち相続開始時において確定している債務ではないから、本来、評価会社の純資産価額を算定するについての負債とはならないものであるが、退職手当金等については、相続税法第３条第１項第２号の規定により相続又は遺贈により取得したものとみなされ、相続税の課税価格に算入されて相続財産として課税されるため、負債に計上しなければ相続税において実質上の二重課税が生じることになるため、財産評価基本通達186において、負債に含まれるものとして取り扱われているもので、弔慰金は、退職手当金等と異なり相続財産とはみなされず、実質上の二重課税とはならないので、弔慰金を負債に算入する必要はない。（平16.4.22大裁（諸）平15－79）

落とし穴

- 非課税扱いされた弔慰金相当額を負債扱いすることはできない。

■書式5：死亡退職慰労金・弔慰金支給決議株主総会議事録

臨時株主総会議事録

令和〇〇年〇月〇日10時00分より、当会社本店において、臨時株主総会を開催した。

当日の出席株主数並びに株式数は下記のとおり。

株主の総数	5名
発行済株式の総数	300株
議決権を行使することができる株主の数	5名
議決権を行使することができる株主の議決権の数	300個
出席株主数（委任状による者を含む）	5名
出席株主の議決権の数	300個

出席役員	代表取締役	山田太郎
	取締役	鈴木花子
	取締役	中村太郎
	監査役	田中一郎

定刻、代表取締役　山田太郎　は議長席に着き、定款により議長たることを述べ、本総会の開会を告げ、本日の出席株主数及びその持株数、議決権数を前記のとおり報告し、定足数を満たしているので本総会は適法に成立した旨を述べ、直ちに議事に入った。

第1号　議案　退任取締役遺族に対する弔慰金贈呈の件★[1]

議長は、令和○年○月○日死亡により退任した取締役佐藤次郎氏の遺族に対し、哀悼の意をもって弔慰金を贈呈し、その金額、その支払時期、方法について下記のとおりとしたい旨述べ、総会に諮ったところ、満場異議なく可決確定した。

弔慰金　　　　　　　金　100万円
支払時期　　　　令和○年○月○日
支払方法：遺族代表者口座へ振込★[2]

第2号　議案　退任取締役に対する退職慰労金贈呈の件★[3]

議長は、令和○年○月○日死亡により退任した取締役佐藤次郎氏に対し、その在任中の功労に報いるため退職慰労金を贈呈し、その金額、その支払時期、方法について下記のとおりとしたい旨述べ、総会に諮ったところ、満場異議なく可決確定した。

退職慰労金　　　　　金　2000万円
支払時期　　　　令和○年○月○日
支払方法：遺族代表者口座へ振込★[2]

議長は、以上をもって本日の議事を終了した旨を述べ、11時00分閉会を宣した。

上記決議を明確にするため、本議事録を作成し、議事録作成者が次に署名押印する。

令和○年○月○日

株式会社山田産業　臨時株主総会

議事録作成者　代表取締役　山　田　太　郎　　印

★１：弔慰金の支給は、遺族に対して、弔慰の趣旨で行うもの。

★２：書式３（73頁）参照。

★３：退職慰労金の支給は、在任中の功労に対して、本人に行うべきであるが、本人が死亡しているため、遺族に対して行うもの。弔慰金と退職慰労金とは、本来、支給事由が異なるため、きちんと分けて書いておくべきである。

❽ 現物退職給与

Q10

資金繰りの関係で、役員に対する退職金を現金支給することが困難なため、不動産を現物支給しようと考えています。役員退職給与の現物支給について留意する点がありましたら、ご教示ください。

Ⓐ 退職給与を現物支給する際の法制上の論点を押さえておく必要がある。また、税制上は、現物支給が代物弁済に当たるかどうかにより、消費税の取扱いに差異が生じる。

1 退職給与を現物支給する場合の法制上の理解

労働基準法24条によると、「賃金は、通貨で、直接労働者に、その全額を支払わなければならない」とされている。退職金も労働基準法上は賃金に該当するので、法令・労働協約に現物支給の定めがある場合を除き、従業員への退職金は原則として現金により支払わなければならない。

これに対し、役員への退職給与は現金に限らず、不動産や生命保険契約といった現物で支給することも可能となる。これを明らかにしているのが会社法361条１項３号から６号であり、ここには、報酬が金銭以外のもので支払われる場合には、その具体的な内容等の詳細を株主総会で決議することが定められている。

このように、従業員と役員とで、退職金の支給方法に差異が生じるのは、両者が受け取る金銭等に法的性格の違いがあるからである。すなわち、使用人における勤労は雇用契約であるため、使用人給与は雇用契約の対価であると整理されている。使用人退職金については、功労的な性格を帯びつつも、賃金の後払の性格があるものと解されている。

これに対して、役員退職給与については、既に述べたように、後払の性格はまったく存在しない。株主総会で、その功績をねぎらうための慰労金として支給決議して支払うということはあり得るとしても、都度支給している報酬・賞与で足りており、退職した役員側の権利として退職給与を請求することはできない。株主総会側が支給すると決議してくれない限り、もらう権利は一切存在しない。逆にいうと、決議しない限りは、会社側においても債務ではない。これが使用人退職金との大きな違いということになる。

2 現物支給をする際の源泉徴収事務

退職給与を支給した場合には、支払者に源泉徴収義務が生じる。

●所得税法

（源泉徴収義務）

第199条 居住者に対し国内において第30条第１項（退職所得）に規定する退職手当等（以下この章において「退職手当等」という。）の支払をする者は、その支払の際、その退職手当等について所得税を徴収し、その徴収の日の属する月の翌月10日までに、これを国に納付しなければならない。

源泉徴収義務は現金支給時に限らず現物支給時においても免除されることはない。そうすると、役員退職給与を現物支給する場合には、徴収できる現金が存在しないため、翌月10日までに徴収額を支払うことが困難になることが想定される。この場合に採るべき選択肢は次の２つのいずれかである。

① 源泉徴収すべき所得税と特別徴収すべき住民税の合計額（以下「源泉徴収税額等」）に相当する現金を現物とともに支給する。

② 退職金受給者から源泉徴収税額等を預かって支払う。

①においては、現物と現金の合計額が退職所得の金額となるため、現物の評価が重要となる。また、現物に上乗せする源泉徴収税額等相当分の現金についても、退職所得を構成するため、源泉徴収税額等を算定するためのグロスアップ計算が必要となる。

3 現物支給に関する法人税及び消費税の取扱い

退職金を不動産等の現物で支給した場合の法人税と消費税の取扱いについてみていこう。仮に簿価5,000万円、時価１億円の不動産を現物支給した場合を想定する。この場合は、不動産の時価相当額が退職金の額となり、簿価と時価との差額は売却益として認識されることになる。

（借）	退　職　金	100,000,000	（貸） 土地・建物	50,000,000
			不動産売却益	50,000,000

不動産の現物支給であったとしても、役員に対して支給する給与の不相当高額規制が適用される（法法34②）のは言うまでもない。

上記であれば、1億円がその役員の退職金として適正かどうかの確認が必要である。また、現物支給であっても、支給者について源泉徴収義務が免除されるわけではないので、所得税と住民税の特別徴収の処理について検討が必要である。他に現金を支給する予定がないのであれば、退職金受給者から源泉徴収税額等を預かって支払うことになろう。

（借）	現　　預　　金	17,000,000	（貸）	源泉税等預り金	17,000,000

（注） 1億円の退職金に対する源泉徴収税額等が1,700万円と仮定する。

次に、消費税の取扱いについて考えてみる。退職金として現物で支給する行為が課税資産の譲渡等に該当するのか否か。消費税法2条1項9号によると、「課税資産の譲渡等」とは、資産の譲渡等のうち、消費税を課さないこととされるもの以外のものをいうとされている。ここで、資産の譲渡等とは、消費税法2条1項8号で次のように定義されている。

●消費税法

（定　　義）

第2条　この法律において、次の各号に掲げる用語の意義は、当該各号に定めるところによる。

（略）

八　資産の譲渡等　事業として対価を得て行われる資産の譲渡及び貸付け並びに役務の提供（代物弁済による資産の譲渡その他対価を得て行われる資産の譲渡若しくは貸付け又は役務の提供に類する行為として政令で定めるものを含む。）をいう。

（以下略）

かっこ書で、「代物弁済による資産の譲渡」が資産の譲渡等に含まれるとされている。さて、退職給与の現物支給は、ここでいう「代物弁済」に該当するのだろうか。

●消費税法基本通達

（代物弁済の意義）

5－1－4　法第２条第１項第８号《資産の譲渡等の意義》に規定する「代物弁済による資産の譲渡」とは、債務者が債権者の承諾を得て、約定されていた弁済の手段に代えて他の給付をもって弁済する場合の資産の譲渡をいうのであるから、例えば、いわゆる現物給与とされる現物による給付であっても、その現物の給付が給与の支払に代えて行われるものではなく、単に現物を給付することとする場合のその現物の給付は、代物弁済に該当しないことに留意する。

消費税法基本通達５－１－４によると、「現物給与とされる現物による給付であっても、その現物の給付が給与の支払に代えて行われるものではなく、単に現物を給付することとする場合のその給付は、代物弁済に該当しない」としている。具体的には、株主総会等の決議の段階で現物そのものを給付するとの決議を行っている場合等が該当する。例えば、次のような議事録である。

議案　前取締役に対する退職慰労金贈呈の件

議長は、前取締役×××氏の在任中の功労に報いるため、下記のように退職慰労金を支給したい旨を述べ、議場に諮ったところ満場一致をもってこれを承認した。

支給日	令和××年××月××日
退職慰労金	東京都中央区×××に所在する土地及び建物
支給方法	所有権移転登記する方法

これに対し、いったん株主総会で退職金支給額を決議して、その後、取締役会で具体的な支給内容を決めている事例であれば、代物弁済とされるおそれなしとしない。

（株主総会の承認）

議案　前取締役に対する退職慰労金贈呈の件

議長は、前取締役×××氏の在任中の功労に報いるため、退職慰労金×××万円を支給する旨を述べ、議場に諮ったところ満場一致をもってこれを承認した。

（取締役会の決議）

議案　前取締役に対する退職慰労金贈呈の件

議長は、株主総会での退職慰労金支給総額決議に基づき、この度、取締役×××氏に対して、その在任中の功労に報いるため、退職慰労金を役員退職慰労金規程に基づき支給したい旨を述べ、議場に諮ったところ満場一致をもってこれを承認した。

支給日	令和×××年××月××日
支給金額	×××万円（なお、支給金額のうち×××万円は、東京都中央区×××に所在する土地及び建物の所有権を移転登記する方法により支払う）

この議事録には現物支給についての具体的決議がなく、先に株主総会で現金支給を前提とした支給金額が決定されており、その後、取締役会にてその支払手段が決議されている。このような形式を採った場合、取締役会での支払手段が代物弁済に当たるとの事実認定がされる可能性も否定できない。もし、代物弁済だと認定された場合には、建物については課税売上げが、土地については非課税売上げが計上されることになり、思わぬ消費税の負担が生じる可能性がある。

4　不動産を現物支給した場合の登記原因

上記のように、退職金を支払う場合に、不動産を現物支給した際の登記原因は何になるのだろう。安易に「代物弁済」との登記がされてしまうと、税務調査においてあらぬ詮索を招くことになるので、ここは会社法に則って、あるべき登記が実行されるようにアドバイスしたい。

役員に報酬を支払う場合の会社法上の根拠条文は、会社法361条がそれに該当する。これによると、定款に報酬の定めがない場合は、株主総会でこれを決めるとされている。不動産の場合は、金銭以外の財産となるため、同条１項６号が該当することになる。

この場合の登記原因は、質疑応答（「登記研究」790号（平成25年12月号）質疑応答【7957】）が存在し、「××年××月××日　退職慰労金の給付」とするのが相当とされている。その他、「××年××月××日会社法第361条第１項第６号の規定による移転」を原因とすることが相当とする見解もある。

●図表－７　登記記録例

権利部（甲区）（所有権に関する事項）			
順位番号	登記の目的	受付年月日・受付番号	権利者その他の事項
1	所有権移転	令和○年４月10日 第1234号	原因　令和○年４月10日売買 所有者　港区○○一丁目１番１号 株式会社山田産業
2	所有権移転	令和○年５月25日 第2111号	原因　令和○年５月25日退職慰労金の給付 所有者　杉並区○○一丁目○番○号 山田太郎

5　生命保険契約を現物支給した場合の取扱いの変更

役員退職金を現物支給するケースでは、不動産のほか、生命保険契約に関する権利が対象とされるケースも多い。この場合、その支給時においてその生命保険契約を解約したとした場合に支払われることとなる解約返戻金の額により評価することが原則となる。しかし、近年、「低解約返戻金型保険」など解約返戻金の額が著しく低いと認められる期間のある保険契約等において、この低解約返戻期間に契約者名義を法人から個人に変更して節税を図るといった行為が目立つようになってきた。通常、第三者との取引においては、低い解約返戻金の額で名義変更等を行うことは想定されないことから、「支給時解約返戻金の額」で評価することは適当ではないと考えられる。そこで、次の保険契約等に関する権利を支給した場合には、それぞれ次のとおり評価することとされた（元の契約が法基通９－３－５の２の取扱いの適用を受けるものに限る）（所基通36－37）。

① 支給時解約返戻金の額が支給時資産計上額の70％に相当する金額未満である保険契約等に関する権利を支給した場合には、その支給時資産計上額により評価する。

② 復旧することができる払済保険その他これに類する保険契約等に関する権利を支給した場合には、支給時資産計上額に法人税基本通達９－３－７の２の取扱いにより使用者が損金算入した金額を加算した金額により評価する。

第4章

役員退職給与の
所得税（退職所得）計算

◆令和３年度税制改正による退職所得課税の改正

退職金については、長期間の労働の対価の一括払という性格上、その質的担税力の低さから超過累進税率の適用を緩和し、税負担の平準化を図る観点から、いわゆる２分の１課税がされています。

一方で、勤続年数５年以下の法人の役員等の退職金については、２分の１課税を利用した租税回避を防止するために、２分の１課税を適用しない措置が平成25年に導入されています。

令和３年度税制改正により、法人の役員等以外の退職金についても、勤続年数が５年以下であれば２分の１課税の対象としない措置が導入され、令和４年１月１日以後に支払を受けるべき退職手当等について適用されます。

すなわち、短期退職手当等に該当する退職金については、次により退職所得の金額を計算することとされます。

① 短期退職手当等に係る収入金額から退職所得控除額を控除した残額が300万円以下である場合

退職所得の金額＝その残額×１／２

② ①以外の場合

退職所得の金額＝150万円

＋（短期退職手当等の収入金額－（300万円＋退職所得控除額））

- 短期退職手当等……短期勤続年数に対応する退職手当等として支払を受けるもので、特定役員退職手当等に該当しないもの。
- 短期勤続年数……調整後勤続期間（所令69①一の規定の適用後の勤続期間）のうち、「役員等以外の者として勤務した期間」

により計算した勤続年数が５年以下であるもの。

この改正により、退職手当等は、短期退職手当等、特定役員退職手当等又は一般退職手当等に区分して所得計算をし、これらの合計額をもって退職所得の金額とされることになりました。

各退職手当等について控除される退職所得控除額はそれぞれの退職手当等に係る勤続年数に基づき計算されますが、その控除額の合計額は従来の退職所得控除額と一致します。

●図表－8　退職所得課税のイメージ

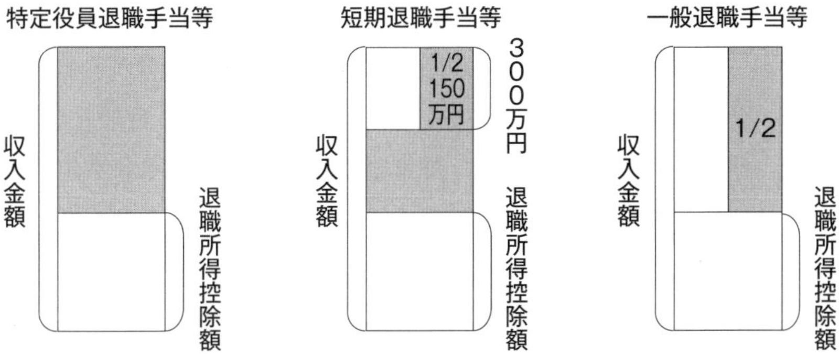

本書では、短期退職手当等はないものとして記述してあります。

なお、国税庁ホームページでは、下記の短期退職所得等に係る情報が提供されていますので、参考にしてください。

■短期退職手当等Ｑ＆Ａ
https://www.nta.go.jp/publication/pamph/gensen/0021009-037_01.pdf

■特定役員退職手当等Ｑ＆Ａ
https://www.nta.go.jp/publication/pamph/gensen/0021009-037_03.pdf

■短期退職手当等及び特定役員退職手当等がある方の「退職所得の源泉徴収票・特別徴収票」について
https://www.nta.go.jp/publication/pamph/hotei/yakuin_taishoku.pdf

❶ 使用人からの昇格役員の退職所得控除額計算(1)～一時金制度のみ

Q11

使用人から昇格した役員の退職給与に係る退職所得控除額と退職所得の金額の計算を教えてください。

（注）短期退職手当等に該当する退職手当等はないものとします。

A　退職所得の金額は、退職手当等に係る収入金額から退職所得控除額を控除した残額の２分の１に相当する金額となる。退職所得控除額は勤続年数に基づき計算し、勤続年数は過去に使用人期間分の退職給与の支給を受けているかどうかにより異なる。

また、特定役員退職手当等については２分の１課税されないので、特定役員退職手当等と一般退職手当等の両方がある場合は、退職所得控除額を特定役員退職所得控除額と一般退職所得控除額とに区分する必要がある。

1　退職所得の金額の計算の概要

退職所得の金額は、その年中の退職手当等が、①特定役員退職手当等以外の退職手当等（一般退職手当等）のみの場合、②特定役員退職手当等のみの場合、③一般退職手当等と特定役員退職手当等がある場合によって、図表－９のように取扱いが異なる。

●図表－9　退職所得の金額の計算

その年中の退職手当等	退職所得控除額	2分の1課税
①　一般退職手当等	1年当たり40万円（20年超期間については70万円）	あり
②　特定役員退職手当等	1年当たり40万円	なし
③　①と②の両方	①②をベースとして、調整計算を行う場合がある	一般退職手当等に対応する部分についてあり

役員の退職給与の場合、役員等の勤続年数（役員等勤続年数）が5年以下かどうかという点と使用人分退職金がいつの時点で支払われたかという点が退職所得の計算に影響を与える。

2　役員の勤続年数による論点

役員等勤続年数が5年超の場合の退職手当等は一般退職手当等となることから、特に論点はない。

役員等勤続年数が5年以下の場合の退職手当等は特定役員退職手当等となり、退職所得控除額の計算は一般退職手当等と同じだが、退職所得の金額を退職所得の収入金額から退職所得控除額を控除した残額を2分の1にしない点が異なる。

役員等勤続年数は、次に掲げる者（役員等）が役員等として勤務した期間（役員等勤続期間）により計算し、その期間に1年未満の端数があるときは、これを1年とする。

①　法人税法上の役員（みなし役員を含む）

②　国会議員及び地方公共団体の議会の議員

③　国家公務員及び地方公務員

3　使用人分の退職手当等の支給時期による論点

使用人から役員へ昇格し、使用人分の退職金を使用人身分喪失時に支給を受けている場合、役員退職給与に係る勤続年数は、使用人身分喪失時から役員退任時までの期間（役員等勤続期間）により計算し、この期間が５年以下となれば、役員退職給与は特定役員退職手当等に該当する。

使用人兼務役員に対し、使用人期間の退職金として適正額の支給を受けている場合も、これと同様に考えればよい。この２つの論点をまとめると、図表－10のようになる。

●図表－10　使用人からの昇格役員の退職所得控除額の計算の場合分け

項　目		使用人分退職金の支給時期	
		使用人身分喪失時	役員退任時
役員等勤続年数	５年以下	A	C
	５年超	B	D

図表－10のA～Dは、次のとおりである。

A（５年以下・分離支給）

役員退職給与は特定役員退職手当等に該当する。退職所得控除額は勤続期間ｂ（役員期間）に基づき計算する。

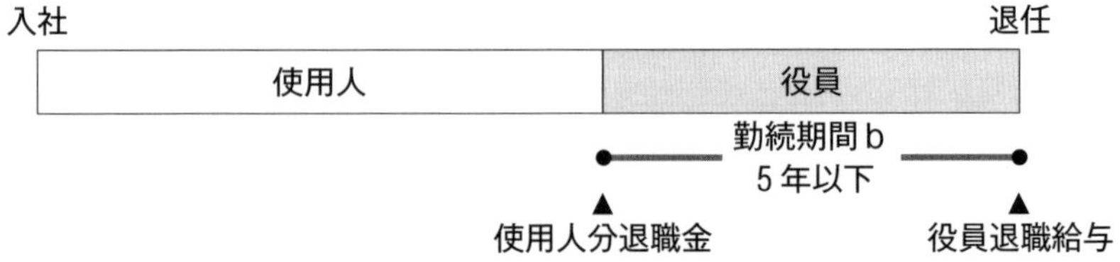

B（5年超・分離支給）

役員退職給与は一般退職手当等に該当する。退職所得控除額は勤続期間 b（役員期間）に基づき計算する。

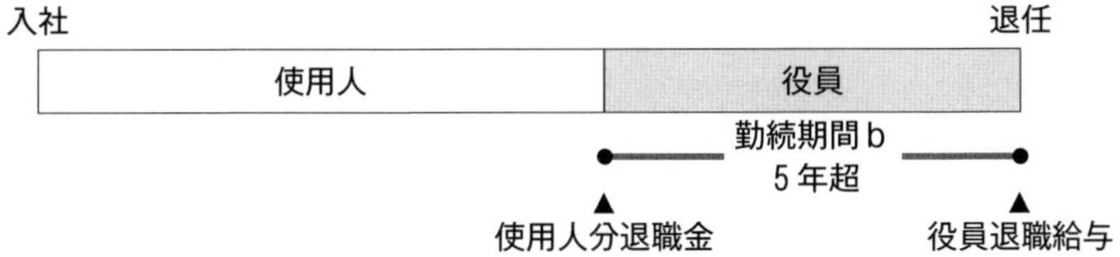

C（5年以下・合算支給）

役員退職給与は特定役員退職手当等に該当し、使用人分退職金は一般退職手当等に該当する。退職所得控除額は勤続期間 a（使用人期間）と勤続期間 b（役員期間）を合算した期間に基づき計算し、これを特定役員退職所得控除額と一般退職所得控除額に区分する(4参照)。

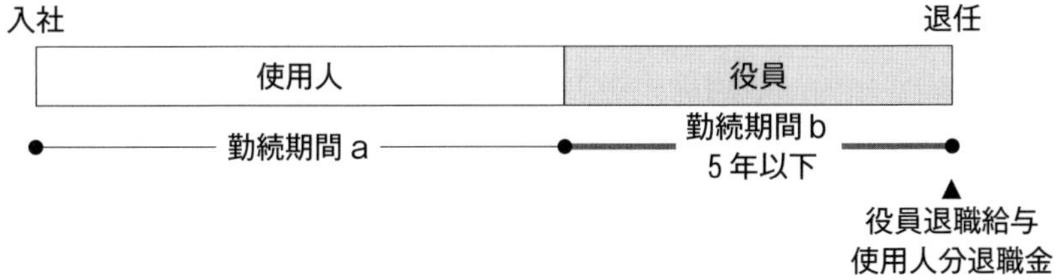

D（5年超・合算支給）

役員退職給与と使用人分退職金は一般退職手当等に該当する。退職所得控除額は勤続期間 a（使用人期間）と勤続期間 b（役員期間）を合算した期間に基づき計算する。

4 その年中に特定役員退職手当等と一般退職手当等がある場合（Cのケース）

その年中に特定役員退職手当等と一般退職手当等（特定役員退職手当等以外の退職手当等をいう）がある場合の退職所得の金額は、次の①の金額と②の金額との合計額（その年中の一般退職手当等の収入金額が②の一般退職所得控除額に満たない場合には、その満たない部分の金額を①の金額から控除した残額）とされ、退職所得控除額を区分計算することが必要となる（所法30⑦、所令71の2③・④）。

① その年中の特定役員退職手当等の収入金額から特定役員退職所得控除額（次の(イ)の金額と(ロ)の金額の合計額をいう）を控除した残額

(イ) 40万円に特定役員等勤続年数から重複勤続年数(注1)を控除した年数を乗じて計算した金額

(ロ) 20万円に重複勤続年数を乗じて計算した金額

② その年中の一般退職手当等の収入金額から一般退職所得控除額（退職所得控除額から特定役員退職所得控除額(注2)を控除した残額）を控除した残額の2分の1に相当する金額

（注1） 特定役員等勤続期間と一般勤続期間とが重複している期間により計算した年数（その期間に1年未満の端数があるときは、これを1年とする）をいう。次の数値例の場合、重複勤続年数はない。

（注2） 特定役員退職手当等の収入金額が特定役員退職所得控除額に満たない場合には、当該収入金額

●図表－11　その年中に特定役員退職手当等と一般退職手当等がある場合の計算のイメージ

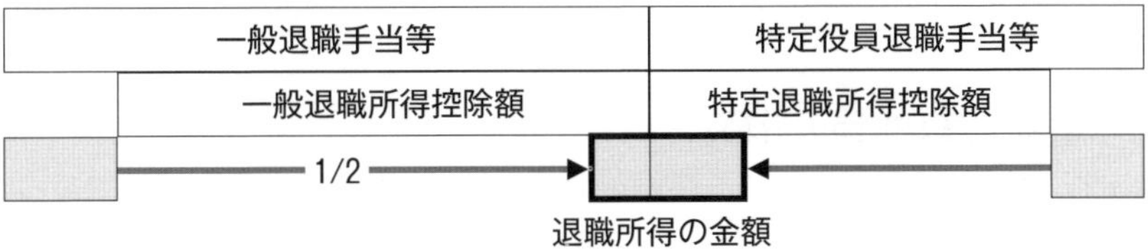

Ｃのケースに、次のような数値を当てはめた計算例を示す。なお、退職所得の金額の計算については、先に特定役員退職手当等から処理を行う。

〔数値例　Ｃ－１〕

使用人期間：35年８月、役員期間：４年、退職金：3,300万円（うち使用人分2,500万円、役員分800万円）

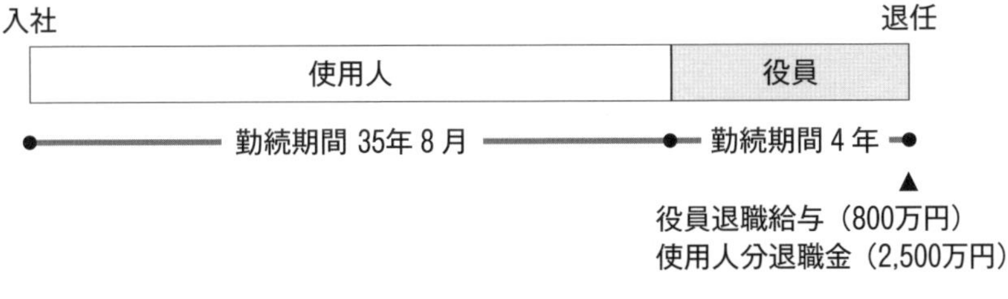

〈前　提〉

- 勤続年数：35年８月＋４年＝39年８月（１年未満切上）→40年
- 特定役員等勤続年数：４年
- 特定役員退職所得控除額：40万円×（４年－０年）＝160万円

・一般退職所得控除額：800万円＋70万円×（40年－20年）－160万円＝2,040万円

〈退職所得の金額の計算〉

①　特定役員分

800万円－160万円＝640万円

②　一般分

(2,500万円－2,040万円) × $\frac{1}{2}$ ＝230万円

③　退職所得の金額

①＋②＝870万円

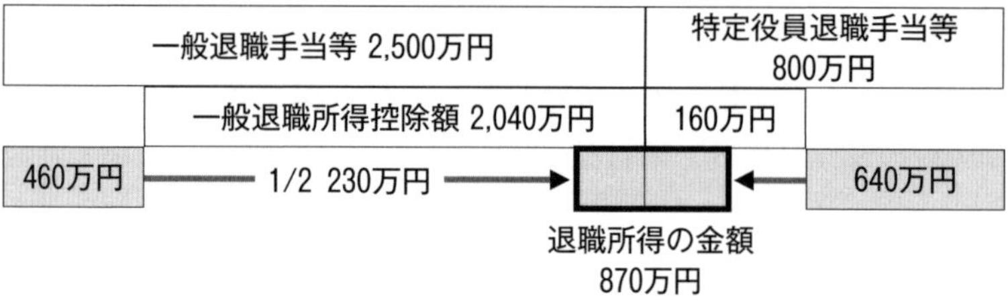

〔数値例　C－2〕

数値例C－1のうち、役員退職給与が100万円だった場合

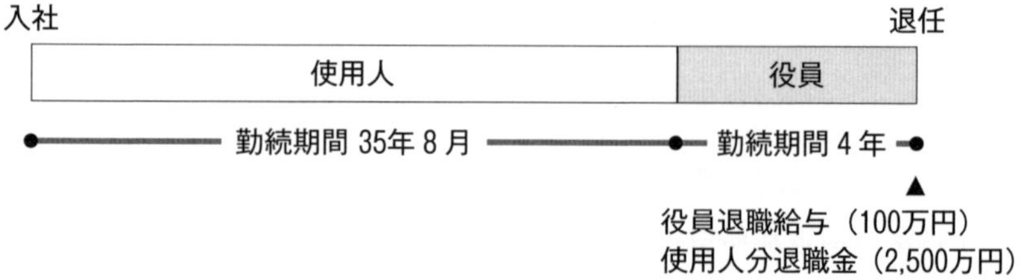

〈前　提〉

- 勤続年数：35年８月＋４年＝39年８月（１年未満切上)→40年
- 特定役員等勤続年数：４年
- 特定役員退職所得控除額：40万円×（４年－０年)＝160万円
- 一般退職所得控除額：800万円＋70万円×(40年－20年)－100万円(注)＝2,100万円

（注） 160万円＞100万円　∴100万円

〈退職所得の金額の計算〉

①　特定役員分

100万円－160万円＜０　∴０円

②　一般分

$(2{,}500万円-2{,}100万円)\times\frac{1}{2}=200万円$

③　退職所得の金額

①＋②＝200万円

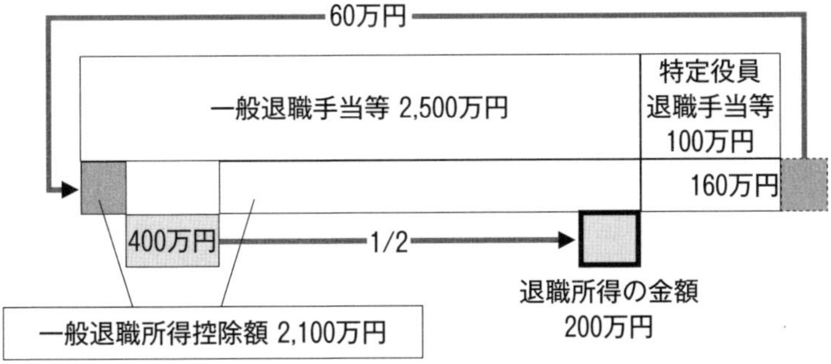

〔数値例　C－3〕

数値例C－1のうち、使用人分退職給与が1,800万円だった場合

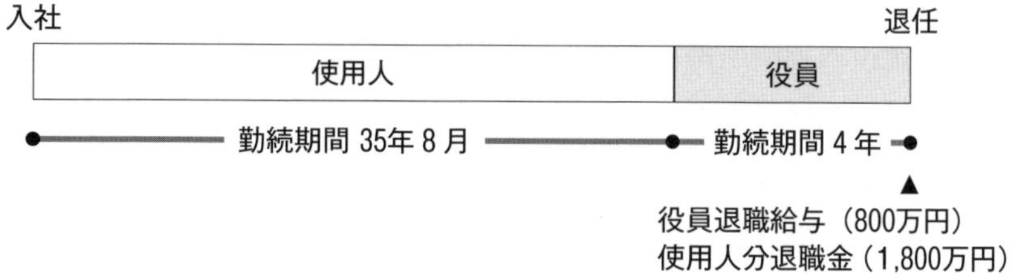

〈前　提〉

- 勤続年数：35年 8 月＋ 4 年＝39年 8 月（ 1 年未満切上）➡40年
- 特定役員等勤続年数： 4 年
- 特定役員退職所得控除額：40万円×（ 4 年－ 0 年）＝160万円
- 一般退職所得控除額：800万円＋70万円×（40年－20年）－160万円＝2,040万円

〈退職所得の金額の計算〉

① 特定役員分

800万円－160万円＝640万円

② 一般分

1,800万円－2,040万円＜ 0　∴ 0 円

③ 退職所得の金額

①－（2,040万円－1,800万円）（一般分の控除不足額）＝400万円

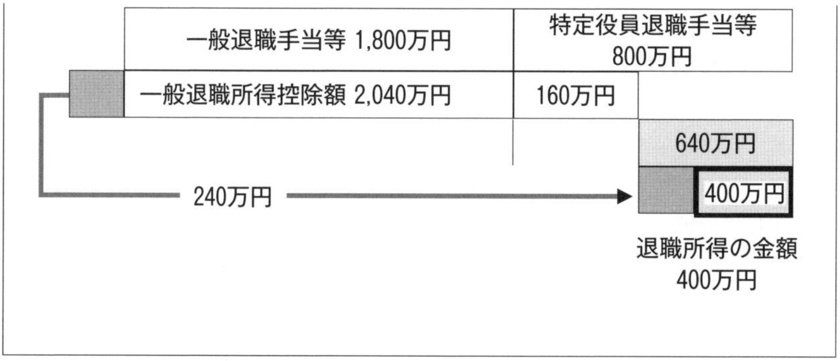

このように、その年中に一般退職手当等と特定役員退職手当等がある場合は退職所得控除額及び退職所得の金額の計算が複雑になるため、注意が必要である。

ココに注目！

- 一般退職手当等と特定役員退職手当等の両方がある場合は計算が複雑になる。
- この場合の退職所得計算は、特定役員退職手当等から行う。

Column

執行役員への就任と使用人分退職金

執行役員は、会社法上の執行役と異なり、法令上の根拠がなく各企業が任意に制度設計できるものであることから、単に使用人から執行役員になったという事実のみで、使用人分退職金として支給したものが退職手当等に該当するという判断はできず、その企業の執行役員制度に応じて判断することとなる。

すなわち、使用人からいわゆる執行役員に就任した者に対しその就任前の勤続期間に係る退職手当等として一時に支払われる給与で、当該給与が支払われた後に支払われる退職手当等の計算上当該給与の計算の基礎となった勤続期間を一切加味しない条件の下に支払われるもののうち、例えば、次のいずれにも該当する執行役員制度の下で支払われるものは、退職手当等に該当することとされる（所基通30－２の２）。

① 執行役員との契約は、委任契約又はこれに類するもの（雇用契約又はこれに類するものは含まない）であり、かつ、執行役員退任後の使用人としての再雇用が保障されているものではないこと

② 執行役員に対する報酬、福利厚生、服務規律等は役員に準じたものであり、執行役員は、その任務に反する行為又は執行役員に関する規程に反する行為により使用者に生じた損害について賠償する責任を負うこと

これ以外の執行役員制度の下で支払われるものであっても、個々の事例の内容から判断して、使用人から執行役員への就任につき、勤務関係の性質、内容、労働条件等において重大な変動があって、形式的には継続している勤務関係が実質的には単なる従前の勤務関係の延長とはみられないなどの特別の事実関係があると認められる場合には、退職手当等に該当する。

② 使用人からの昇格役員の退職所得控除額計算(2)～中退共併用型

Q12

使用人兼務役員を経た役員が役員退職給与の支給を受けた場合の退職所得控除額及び退職所得の金額の計算について教えてください。なお、当社は中小企業退職金共済制度に加入しており、使用人身分を喪失した時に共済金が支給されています。

（注）短期退職手当等に該当する退職手当等はないものとします。

A　その年の前年以前４年内に退職手当等の支給を受けている場合は、退職所得控除額の調整計算が必要になります。

1　中退共併用型における計算

会社の役員を兼務するなど複数の会社に在籍をしたり、会社を渡り歩いたりしなければ、一般的に同一年又は前後数年で複数の退職手当等の支払を受けることはない。

しかし、一の会社にしか在籍をしていない場合であっても、同一年又は退職年前後で複数の退職手当等の支払を受けることがある。例えば、使用人兼務役員を経験した役員が、使用人身分喪失時に中小企業退職金共済の共済金の支払を受けている場合や、役員退任前で65歳以上のときに小規模企業共済の解約手当金の支払を受けている場合が典型例である。

このように、役員退任前にこれらの中小企業退職金共済の共済金や小規模企業共済の解約手当金の支払を受けている場合は、複数の支払者から退職手当等の支払を受けたこととなるため、**3**の退職所得控除額の計算の特例（所令70①二）の適用を検討する必要がある。

なお、役員の退任を支給事由とする小規模企業共済の共済金（共済金Ｂ又は準共済金）の支払がされた場合で、会社から役員退職給与の支給を受ける場合、これらの支給年が異なっていても、最初に支払を受けるべきものの支払を受けるべき日の属する年における収入金額として退職所得の金額を計算することになる（所令77）。

2 みなし退職手当等に係る退職所得の金額の計算の留意点

みなし退職手当等（115頁コラム参照）に係る勤続年数は、組合員等であった期間により計算する。この期間は、退職一時金等の支払金額の計算の基礎となった期間をいい、当該期間の計算が時の経過に従って計算した期間によらず、これに一定の期間を加算して計算した期間によっている場合には、その加算をしなかったものとして計算した期間をいう（所令69①二）。

3 前年以前４年内に退職手当等の支払を受けている場合の退職所得控除額の計算の特例

その年の前年以前４年内(注)に退職手当等の支払を受け、かつ、その年に退職手当等の支払を受けた場合において、その年に支払を受けた退職手当等につき計算した期間の基礎となった勤続期間等の一部がその年の前年以前４年内に支払を受けた退職手当等（前の退職手当等）に係る勤続期間等（前の勤続期間等）と重複している場合には、その重複している部分の期間を勤続年数とみなして計算した退職所得控除額相当額を差し引いて退職所得控除額を計算する。

この計算をする場合において、前の退職手当等の収入金額が前の退職手当等について計算した退職所得控除額に満たないときは、前の退職手当等の支払金額の計算の基礎となった勤続期間等のうち、前の退職手当等に係る就職の日又は組合員等であった期間の初日から次の各号に掲げる場合の区分に応じ当該各号に定める数（一に満たない端数を生じたときは、これを切り捨てた数）に相当する年数を経過した日の前日までの期間を前の勤続期間等とみなして、退職所得控除額相当額を計算する。

① 前の退職手当等の収入金額が800万円以下である場合……当該収入金額を40万円で除して計算した数

② 前の退職手当等の収入金額が800万円を超える場合……当該収入金額から800万円を控除した金額を70万円で除して計算した数に20を加算した数

なお、上記の重複している部分の期間に１年未満の端数があるときは、その端数を切り捨てる。

（注） その年に所得税法施行令72条３項６号に該当する老齢給付金として支給される一時金（確定拠出年金（法人型・個人型）の一時金等）の支払を受ける場合には、14年内（令和４年４月１日以後に支払を受けるべき確定拠出年金法の老齢給付金として支給を受ける一時金については19年）となる。

下図のとおり、使用人兼務役員を経た役員が本年において使用人分と役員分の退職手当等の支払を受けた場合の退職所得の金額の計算例を示す。なお、中退共共済金は、前年以前4年内の退職手当等に該当するものとする。

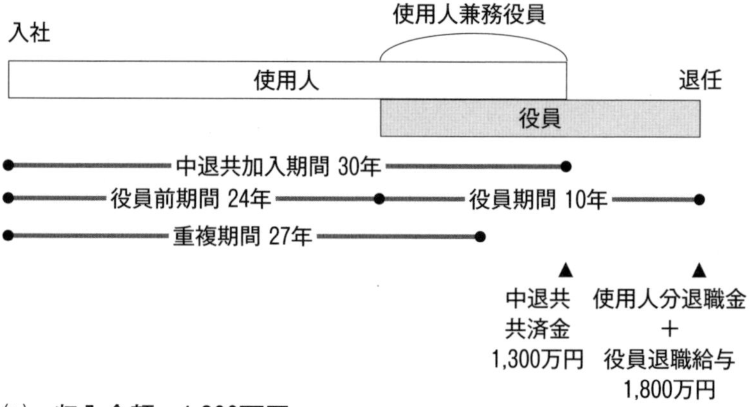

⑴　収入金額　1,800万円

⑵　退職所得控除額

①　800万円＋70万円×（34年－20年）＝1,780万円

②　重複期間の退職所得控除額相当額

800万円＋70万円×（30年－20年）＝1,500万円＞1,300万円

20年＋（1,300万円－800万円）÷70万円＝20年＋7.14年

≒27.14年➡27年

800万円＋70万円×（27年－20年）＝1,290万円

③　①－②＝490万円

⑶　退職所得の金額

(⑴－⑵③)×１／２＝655万円

Column

みなし退職手当等

中小企業退職金共済制度とは、中小企業退職金共済法に基づき設けられた中小企業のための国の退職金制度である。この共済制度に係る共済掛金は中小企業が拠出するが、共済金の支払は独立行政法人勤労者退職金共済機構・中小企業退職金共済本部（中退共）が行うことから、所得税法上の退職手当等には該当しない。しかし、過去の勤務に基づいて支給される点が退職手当等と同様であることから、退職手当等とみなされる（所法31、所令72③二）。

なお、使用人が役員になると中退共の加入資格を喪失するが、いわゆる使用人兼務役員に該当する場合は、そのまま契約を継続することができる。

小規模企業共済制度は、小規模企業共済法に基づき設けられた、小規模企業の経営者や役員、個人事業主などのための国の退職金制度である。この共済制度に係る共済掛金は加入者個人が拠出することから共済金は所得税法上の退職手当等に該当しない。しかし、共済金の支給事由が役員の退任、事業の廃止など退職手当金と同様の性格であるものについては退職手当等とみなされる（所法31、所令72③三）。

中退共の共済金と小規模企業共済の共済金等のほか、退職給付企業年金法の規定に基づいて支給される退職一時金や確定拠出年金法の規定に基づいて老齢給付金として支給される一時金なども退職手当等とみなされる（所法31、所令72）。

❸ 非居住者である役員に対する退職給与

Q13

当社の取締役Ａは創業時から現在まで取締役として会社を支えてきましたが、６年前の代表退任に伴い生活本拠地（住所）を国外に移し、また、国内に居所を有していません。この度、当社の取締役を退任することとなり、役員退職給与を支給することになりました。この役員退職給与に対する課税と源泉徴収について教えてください。

Ａ　役員の場合、非居住者期間に対応する退職手当等も国内源泉所得に該当し、20.42％の税率により源泉徴収がされ、原則として申告を要しない分離課税（源泉分離課税）により課税関係が完結する。

ただし、納税者の選択により、「退職所得の選択課税の申告書」を提出し、通常の退職所得課税と同様の課税とすることができる。

1　役員に対する課税

居住者から非居住者となった者が非居住者である時に退職手当等の支払を受けた場合は、その退職手当等のうち国内源泉所得に該当する部分の金額に対し、20.42％の税率により源泉徴収がされ、課税関係が完結する分離課税とされるのが原則である（所法161①十二ハ、164②二、170）。

この国内源泉所得とは、退職手当等のうち居住者として勤務した期間に対応する部分の金額をいうが、役員として非居住者であった期間に対応する退職手当等の金額も含まれることとなる（所令285③）。

一方で、非居住者が支払を受けた退職手当等については、この分離課税に代えて、通常の退職手当と同様の超過累進税率による課税（退職所得の選択課税）を選択することができる（所法171）。

原則課税　［国内源泉所得］×20.42%

選択課税　（［国内源泉所得］［国内源泉所得以外］－ 退職所得控除額）× $\frac{1}{2}$ × 超過累進税率

※短期退職手当等及び特定役員退職手当等がないものとした場合

この課税方法は、その年中に支払を受ける退職手当等の総額を居住者として受けたものとみなして退職所得の金額を計算し、超過累進税率により計算するものである。したがって、退職所得の金額を計算する場合における勤続年数は、居住者期間と非居住者期間の両方を併せた期間により計算することになる。

この取扱いは、退職時にたまたま非居住者の身分であった場合の退職所得に対する税負担を居住者並みとするために設けられたものである。したがって、他の総合課税に係る所得の金額の計算上生じた損失との損益通算はできず、また、退職所得の金額から所得控除額の控除をすることもできない。

退職所得の選択課税の適用を受けるためには、退職手当等の支払を受ける年の翌年１月１日（同日前にその退職手当等の総額が確定した場合には、その確定した日）以後に、所轄税務署長に対し、所定の事項を記載した「退職所得の選択課税の申告書」を提出する必要がある（所法173①）。この申告手続は、納税管理人が行うことが一般的であろう。

なお、「退職所得の選択課税の申告書」はその様式が法定されておらず、また、国税庁ホームページにも公開されていないことから、法定事項を記載した任意の様式での提出が可能であるが、確定申告書に該当事項を記載する方法でも申告が可能である。

(1) **退職所得の選択申告書の記載事項**（所法172②）

① その年中に支払を受ける退職手当等の総額（所法171の規定の適用がある部分の金額に限る）及び当該総額につき同条の規定を適用して計算した所得税の額

② その年中に支払を受ける退職手当等につき第４編第５章（源泉徴収）の規定により徴収された又は徴収されるべき所得税の額がある場合には、その所得税の額（当該退職手当等の額のうちに、その年の中途において国内に居所を有しないこととなったことにより提出する前項の規定による申告書に記載すべき部分の金額がある場合には、当該金額につき所法170の規定を適用して計算した所得税の額を含む）

③ ①に掲げる所得税の額から②に掲げる所得税の額を控除した金額

④　①に掲げる退職手当等の総額の支払者別の内訳及びその支払者の氏名又は名称及び住所若しくは居所又は本店若しくは主たる事務所の所在地

⑤　①に掲げる所得税の額の計算の基礎

⑵　**退職所得の選択申告書に添付すべき明細書**（所令297①、所規71①）

退職所得の選択申告書を提出する場合において、上記⑴②に掲げる所得税の額のうち源泉徴収をされたものがあるときは、当該申告書に、その年中に支払を受ける選択課税の適用を受ける退職手当等で所得税を徴収されたものの支払者ごとの内訳、その支払の日及び場所、その徴収された所得税の額並びにその支払者の氏名又は名称及び住所若しくは居所又は本店若しくは主たる事務所の所在地若しくは法人番号を記載した明細書を添附しなければならない。

2　源泉徴収義務

上記1のとおり、非居住者であっても、納税者の選択により、退職に基づいてその年中に支払を受ける退職給与の総額を居住者として受けたものとみなして、居住者と同様の課税を受けることができる。

しかし、納税者の課税方法の選択と源泉徴収義務は別物であることから、非居住者に退職手当等を支払う場合には、その支払の際に、国内源泉所得（退職手当金等の額）について20.42％の税率により所得税及び復興特別所得税を源泉徴収しなければならない（所法213①)。

3 居住地国での課税

退職者が、退職時に居住している国における課税関係にも注意が必要となる。居住地国によって、非課税とする方法、国内源泉所得だけに課税する方法、全所得に課税する方法が考えられるからである。

また、日本と居住地国で二重課税が生じる場合に、外国税額控除や国外所得非課税制度により二重課税を排除する国とそもそも二重課税を排除しない国が存在する。

さらに、日本と居住地国の租税条約によっては、上記の各国の国内法の課税関係と異なる取扱いになることも珍しくない。

日本サイドの税理士としては、日本の国内法、現地の国内法、租税条約の３つの取扱いを確認する必要が生じる。実際には、退職者に現地国の取扱いを調べてもらう、若しくは現地の専門家に依頼する、といった作業が求められる。

なお、租税条約上は、退職金について給与や役員報酬と異なる取扱いを設けていることは稀だが、退職年金の場合には、租税条約上、別途の取扱いが設けられていることが多いので、注意が必要である。

4 住民税の取扱い

退職手当等に対する住民税の課税は、他の所得と区分し、退職手当等の支払を受けるべき日の属する年の1月1日現在における住所所在の都道府県・区市町村において課税される、いわゆる現年分離課税となる（地法50の２、328）。

現年分離課税となる退職手当等は、所得税法199条の規定により所得税が源泉徴収されるものに限ることから、非居住者に対する退職手当等は現年分離課税の対象とならず、翌年１月１日現在の住所所在の都道府県・区市町村において課税されることになるが、同日において非居住者であれば国内に住所地はないため、課税がされないこととなる（地法24①一、39、294①一、318）。

Column

退職所得の受給に関する申告書の記載誤りと源泉徴収税額の精算

退職所得の受給に関する申告書には、退職所得に係る源泉徴収税額を計算するために必要な事項の記載欄がある。例えば、前年以前４年内に退職手当等の支払を受けている場合や、同一年に他者から退職手当等の支払を受けている場合は、前の退職手当等の支給に係る勤続期間や退職手当等の額を記載する（所法203①）。これは、今回の退職手当等に係る源泉徴収税額を計算するために必要だからである。

これらの内容を記載しなければ退職所得控除額の計算が適正にできないため、源泉徴収税額が正しい金額にならず、過大徴収となったり不足額が生じたりする。

いずれの結果も、提出を受けた退職所得の受給に関する申告の記載事項に誤りがあったことにより生じたものだから、退職手当等の支払者において是正をする必要がある。

ところで、退職手当等の支払者は、提出を受けた退職所得の受給に関する申告の記載事項に誤りがあったことにより生じた徴収不足税額があることを知った場合には、直ちにその不足税額を徴収し納付することとされている（所基通203－3、194～198共－1）。

徴収不足税額は、退職手当等の支払者において是正しなければならず、確定申告で精算することはできない。

第5章

その他の役員退職給与の税務論点

❶ 出向者の退職給与負担方法と支給方法

Q14

自社使用人が関係会社に役員として出向している期間について、出向者退職給与の負担方法はどのように考えればよいでしょうか？

A　出向元法人が出向者に対して支給する退職金のうち、出向期間に対応する部分は、原則として、その出向先法人が負担すべきものである。その精算方法は、出向終了や出向者退職時に負担金を精算する方法と定期的に負担金を支払う方法が考えられる。

1　出向者の退職給与負担金の原則

出向者の出向期間中における給与については、その出向者が現に勤務した出向先法人において負担するのが原則であり、この考え方は、出向者の退職金についても同様である。

その出向者が出向元法人に戻り、後日退職した場合に支給する退職給与は、通常は出向元法人において支給されるが、そのうち出向期間に対応する部分の金額は、出向先法人において負担すべきものとなる。

このような原則に対して、法人税では、退職給与について、相当な理由があれば出向先法人における負担を要しないことも許容している（法基通９－２－50）。

●法人税基本通達

（出向先法人が出向者の退職給与を負担しない場合）

9－2－50　出向先法人が出向者に対して出向元法人が支給すべき退職給与の額のうちその出向期間に係る部分の金額の全部又は一部を負担しない場合においても、その負担しないことにつき相当な理由があるときは、これを認める。

これは、通常の給与・賞与のような経常的なものと違い、退職時の状況によってその支給額が変動することも十分あり得る退職金制度の不安定さを考慮した取扱いである。出向者に係る退職給与については、常に出向期間に係る金額を出向先法人が負担すべきであると言い切れない事情があることに由来する。

具体的には、次のような例があり得るものとされている。

① 親会社が、経営危機に瀕している関係会社等に強制的に使用人を出向させ、その業務の監督等をさせることとしたというような場合

② 出向期間が比較的短期である場合

落とし穴

- 出向期間中の退職給与については、必ず出向先の負担が求められるわけではない。

2 出向者の退職給与負担金の精算方法

出向者の退職給与負担金を出向元法人と出向先法人との間で精算する方法は何通りか考えられる。

(1) 出向者が出向元に復帰した時に精算する方法

〈出向元復帰時〉

• 出向元

(借)	現預金	××	(貸)	雑収入	××

• 出向先

(借)	退職負担金	××	(貸)	現預金	××

〈出向元退職時〉

• 出向元

(借)	退職金	××	(貸)	現預金	××
				預り源泉徴収税等	××

• 出向先：仕訳なし

(2) 出向者が出向元を退職した時に精算する方法

〈出向元復帰時〉

• 出向元：仕訳なし

• 出向先：仕訳なし

〈出向元退職時〉

• 出向元

(借) 退職金	××	(貸) 現預金	××
		預り源泉徴収税等	××
現預金	××	雑収入	××

• 出向先

(借) 退職負担金	××	(貸) 現預金	××

(3) 定期的に出向者退職給与負担金を支払う方法

〈出向中〉

• 出向元

(借) 現預金	××	(貸) 雑収入	××

• 出向先

(借) 退職負担金	××	(貸) 現預金	××

〈出向元復帰時〉

• 出向元：仕訳なし

• 出向先：仕訳なし

〈出向元退職時〉

• 出向元

(借) 退職金	××	(貸) 現預金	××
		預り源泉徴収税等	××

• 出向先：仕訳なし

もちろん、出向元法人と出向先法人との間で出向者についての退職給与の負担に関し協定を行うなど、あらかじめ決められたルールで実行することが大前提となっている。

また、いずれの方法であっても、本人に直接支払わない限り、出向先法人が負担しているのは出向者の退職給与相当額であり、退職金そのものではない。そのため、出向先における株主総会による役員退職慰労金支給決議は不要であり、支払時の源泉徴収も不要である。

なお、出向者が出向元法人に戻らず、出向元法人を退職後も出向先法人で勤務する場合には、出向から転籍に切り替わる。この場合において、出向元法人から退職者に退職金が支給され、その負担額として、出向元法人の退職時に出向先法人から出向元法人に退職給与負担金が支払われることがある。出向先における退職事実はないが、出向元法人から出向者に退職金が支給され、所得税の課税関係が生じていることに鑑み、この出向先法人の支出する負担金は、その支出の日の属する事業年度の損金の額に算入するものとされている（法基通9－2－49）。

3 定期的に出向者退職給与負担金を支払う方法の留意点

上記2の(3)「定期的に出向者退職給与負担金を支払う方法」は、(1)及び(2)とは異質な取扱いとなっている。

実務上の問題として、出向者の数が増加し、出向関係が複雑化している企業グループであれば、長期間未精算のままの状態を放置する方法では、処理を複雑化することにも繋がる。そこで、この負担関係を毎事業年度ごとに精算しておきたいとのニーズに応えるため(3)が認められている。

出向者退職給与負担金として合理的な金額をあらかじめ定めた計算により精算させれば、定期的な支出を条件として、課税上の弊害がないと判断しているわけである。その出向者が出向先法人において使用人であると役員であるとを問わず、すべてその支出時点において損金算入することができる。

ただし、この課税上の弊害がない、という部分については、次の２つの点に注意が必要である（法基通９－２－48、高橋正朗編著『法人税基本通達逐条解説（十訂版）』（税務研究会）941頁）。

① あらかじめ定めた負担区分に応じた合理的な金額であること

② あらかじめ定めた時期に、定期的に負担するものであること

１つ目は、その負担金が、あらかじめ定めた負担区分に基づき算定される金額で、その出向者の出向期間に対応する退職給与の額として合理的に計算される金額であることである。その出向者の退職給与の要支給額のうち負担金の計算期間に対応する部分の金額以下の金額を負担することとしている場合には、合理的なものと取り扱われる。ただし、毎期の負担額の計算方法は一律である必要があり、出向先法人ごとに計算方法を変えることは一般に合理的なものと認められない。

そして２つ目は、負担金の支出は、毎月あるいは毎事業年度など、定期的であることである。任意の時期に負担するものはこの取扱いによる損金算入は認められない。

ココに注目！

① 精算方法は３種類。

② 計算方法や支払時期があらかじめ定められていることが大前提。

第6章

役員退職給与に関する判決・裁決例

❶ 飯田精密事件～不相当高額否認事件・その１

Q15

飯田精密事件の概要と実務の参考になる点について教えてください。

Ａ　本件は、東京地裁が役員退職給与の適正額を平均功績倍率法により求め、功績倍率を1.18で認定した事案である。判決の内容から学ぶ目新しい判断基準は少ないが、税務調査で功績倍率3.0が認められていた状況下では、審判所に持ち込まず、現場で解決すべきとの教訓が得られた争いといえる。

1　事件の概要

飯田精密事件（東京高裁平成25年７月18日、東京地裁平成25年３月22日）は、元代表取締役の死亡退職に伴い支給した役員退職給与額6,032万円（最終報酬月額32万円、勤続年数13年、功績倍率14.5）に不相当に高額な部分の金額があるとして行われた課税処分の取消しを求めた事件である。

本件については、グループ会社により同時審判・裁判が複数行われているが、本項で取り扱っているのは、そのうちの１社についての内容であることをお断りしておく。

課税庁の更正処分では適正額を1,248万円（功績倍率3.0）、更正処分後の異議審理庁では適正額を445万1,200円（功績倍率４社平均の1.07)、不服審判所では適正額を507万5,200円（功績倍率が３社平均の1.22）とされた。

会社は、裁判（東京地裁）において、役員退職給与適正額の算定に当たっては、TKC データの同業類似法人の最高功績倍率である3.0倍を基礎とすべきであると主張したが、課税庁の主張がほぼ認められた上に、適正額は更正処分時の金額を大幅に下回る490万8,800円（功績倍率1.18）と認定された。

東京地裁の判断と納税者の主張内容をまとめると、図表－12のとおりである。

●図表－12　功績倍率の算定方法についての東京地裁の判断と納税者の主張

算定方法		裁判所	納税者
		平均功績倍率法	最高功績倍率法
同業類似法人の抽出基準	類似法人の選定データ	関東信越国税局管内の法人	TKC の BAST
	抽出対象地	関東信越国税局管内	全国
	業種	日本標準産業分類・小分類 不動産賃貸業（貸家業、貸間業を除く）及び貸家業、貸間業	日本標準産業分類 大分類 不動産業、物品賃貸業及び金融業、保険業
	サンプル法人数	３ 社	拡大すべき

2 裁判所の判断の内容

東京地裁における判断は、次のとおりである。

(1) 適正額の算定方法

退職の直前に元代表取締役の報酬が大幅に引き下げられたなどの特段の事情があるとは認められないことから、本件役員退職給与適正額の算定については、法人税法36条（現34条）及び同法施行令72条（現70条）の趣旨に最も合致する合理的な方法である平均功績倍率法により算定すべきであるとされた。

納税者が主張した最高功績倍率については、同業類似法人の抽出基準が必ずしも十分ではない場合や、その抽出件数が僅少であり、かつ、当該法人と最高功績倍率を示す同業類似法人とが極めて類似していると認められる場合などに限られるとして、斥けられた。

(2) 同業類似法人の抽出基準

会社は、同業類似法人の抽出基準につき、

① 「日本標準産業分類・大分類・K－不動産業、物品賃貸業」及び「同・J－金融業、保険業」を基幹の事業としていること

② 退職金支給決議日が平成17年12月31日以前であること

③ 退職理由が死亡である役付取締役・取締役に対して退職給与の支払決議があること

④ 退職給与の支払があった調査対象事業年度の売上金額が2,000万円以上1億300万円以下であること

として、これらのいずれにも該当するすべての法人をTKC全国会

（税理士及び公認会計士からなる任意団体）発行に係る平成19年度版Y-BAST（以下「本件TKCデータ」という）から抽出したところ、合計４法人を抽出することができ、そのうち功績倍率が不明である１法人を除いた３法人（以下「本件TKCデータ同業類似法人」という）の功績倍率の最高値は3.0倍であったから、本件役員退職給与適正額は、これを参考として算定すべきであると主張したが、裁判所は次のように判断した。

① 抽出対象地

会社は抽出対象地を全国としたが、会社の所在地は長野県であるところ、関東信越国税局管内の各県は、いずれも関東又は甲信越地域に属しており、一般に、これらが１つの地域単位として経済事情その他において一定の共通性を有するものと認められていることに照らせば、被告が本件同業類似法人の抽出対象地域を関東信越国税局管内としたことにも合理性が認められる。

② サンプル数

上記のとおり、課税庁が本件同業類似法人の抽出対象地域を関東信越国税局管内としたことは合理的なので、その結果、３件の本件同業類似法人が抽出されたのだから、さらに、関東信越国税局管外において経済事情の類似する地域があるかについて調査をしたり、抽出対象地域を全国に拡張したりしなかったからといって、その選定が不合理であるとはいえない。

③ 業　　種

会社の売上金額の約92.4％が地代家賃収入で、損保手数料収入は約7.6％にとどまることに照らせば、原告の履歴事項全部証明書の目的欄その他に「損害保険の代理業」等が挙げられているからといって、金融保険業が原告の基幹事業の１つであるとはいえない。

④　TKC データ

役員退職給与適正額の算定に当たっては、本件 TKC データの同業類似法人の最高功績倍率である3.0倍を基礎とすべきであると会社は主張した。

しかし、そもそも本件 TKC データは、税理士及び公認会計士からなる任意団体である TKC 全国会が各会員に対して実施したアンケートの回答結果から構成されており、その対象法人は TKC 全国会の会員が関与しているものに限られている。

上記のとおり、会社が用いた抽出基準は、その抽出対象地域について何ら限定することなく全国としており、また、基幹の事業についても「日本標準産業分類・大分類・K－不動産業、物品賃貸業」及び「同・J－金融業、保険業」とするものであって、そもそも原告会社の基幹事業であるとは認められない「金融業、保険業」が基幹の事業であることを条件としている上、中分類ないし小分類の存在を考慮しておらず、被告課税庁が用いた抽出基準に比べ、その対象地域及び業種の類似性の点において劣るものといわざるを得ないと判示した。

3　実務での対応

本件は、上記のとおり納税者敗訴の事件であるが、次の理由により、これをもって功績倍率3.0が否認された事例として一般化するには不相応な事件といえる。

①　納税者の主張するデータ抽出、特に適用業種に誤りがあったこ

と

② 元代表取締役は当該会社のほかグループ企業の複数社の取締役として死亡退職金を受け取っていたという特殊事情があること

③ 税務調査段階から功績倍率1.18倍による適正額による否認がされたのではなく、功績倍率3.0に基づく適正額（３倍基準）での決着ができたものであること

なぜ、税務調査段階で３倍基準による決着ができなかったのかという疑問が湧くが、5,000万円程度の否認額が生じる上に、グループ企業複数社にも同様の争いがあり、これらを合わせるとかなりの否認額になることから、引くに引けず裁判に至ったと思われる。

税理士の立場からいえば現場での決着こそ最善の結果という経験則があるとはいえ、藁にもすがる思いで裁判という手段を選ぶ納税者を納得させるのは容易ではないであろう。

審判所や裁判に訴えると、現場で認められていたシンプルな３倍基準による適正額ではなく、規模や業種といった厳密なデータによる適正額が求められることとなる。本件は、無理筋な事案について争いたいという納税者を説得するための手段としての存在価値がある。

それと、もう１点注意すべきことは、TKC データの取扱いである。確かに、本件では TKC データに基づく適正額計算を認めていないが、これは、納税者の抽出エリア、適用業種等に誤りがあったことと併せての否認であり、TKC データの使用自体を否認しているわけではない。判決では、役員退職給与適正額の算定に当たり、本件 TKC データの同業類似法人を用いるとしても、平均功績倍率法を用いるのが相当であり、その算定結果は原処分時における本件役員退職給与適正額を下回ることになるから、原告の主張は失当で

ある、としていることからもわかる。

すべての法人の申告データを持つ課税庁と異なり、納税者はたとえ一部の会社のアンケート結果であっても参考にせざるを得ない。ただし、使い方を誤れば本件のように否認されることはあり得ることも認識すべきであろう。

ココに注目！

- 功績倍率３倍基準が否認された事件ではない。
- 現場で常識的な判断が出ているときは、常識的な対応をするべきである。
- 民間データは諸刃の剣。使い方によっては説得材料にもなるし、否認の根拠にもされる。

② 残波事件～不相当高額否認事件・その2

Q16

高額な役員退職給与が認められ話題になったいわゆる残波事件判決によって、不相当高額を理由とする否認のリスクはなくなったとの理解でよいでしょうか？

A 危険な理解である。残波事件は、標本対象となった泡盛酒造会社の役員退職給与の水準があまりにも高額だったために、比嘉酒造の支給額が認められた側面が強い特殊事件である。

1 事件の概要

残波事件（平成24年12月18日裁決ほか：比嘉酒造役員給与高額否認事件）は、沖縄の比嘉酒造という著名な企業に対する否認ということもあり、注目を浴びたが、その内容は役員報酬と役員退職給与の両方について高額否認が行われた事案である。

この事件は、否認された役員退職給与の金額が6億7,000万円という非常に高額であったことから、新聞の全国紙などでも報道され大きな話題になった。

国税不服審判所の裁決までは、どちらの論点も納税者敗訴であった。これが、東京地裁判決で役員退職給与については納税者勝訴となり、さらに役員報酬についても東京高裁に控訴して争ったものの、こちらは納税者敗訴となり最高裁まで上告されたがそのまま確定している。

つまり、結果としては、役員報酬部分の否認のみで決着したことになる。そのため、非常に高額な役員退職給与が認められた点がクローズアップされやすく、あたかも役員退職給与の高額否認はあり得ないかのような錯覚をしている人もいるようだ。ここでは、そのような危険な誤解を解くためにも、この事案の内容と経緯について確認しておく。

なお、月額の役員報酬の高額否認については、納税者側は職務内容が増えたことを増額理由と主張したが、裁判所は、会社の収益動向、使用人給与の上昇動向と役員報酬の増加率の対比から、違和感のある増額であるとして、認めなかった。また、その否認額については、比較法人の最高額の平均値ではなく、比較法人の最高額を超える部分の金額としている。平均値というのが実務だったと思われるが、代表者の場合は、その法人の儲けを創出している根源ともいえることから、単なる平均ではなく、比較法人の最高額を用いたのかもしれない。

2　平成24年12月18日裁決（➡202頁参照）

税務調査での否認後、国税不服審判所による調査を踏まえ、裁決が下された。先にも述べたように、裁決段階では、納税者全面敗訴であった。

ただ、この裁決では、役員退職給与の高額否認ではなく、分掌変更退職給与の否認として処理している。一方、税務調査の現場では、高額否認であった。

しかし、国税不服審判所で異なる論拠での否認をし、地裁では元に戻って高額否認と、不思議な変遷をたどっている。この理由を掘り下げてみる。

この裁決における分掌変更退職給与の否認理由として、本人に実質退職の意思がないとの判断と大株主であることによる影響力の2つの要素が挙げられている。

> C　本件役員は、上記1の(4)のニ及び上記ロの(イ)、(ハ)ないし(ホ)並びに(チ)のとおり、分掌変更後において、請求人の工場への出勤状況が月に3、4回程度になるとともに、役員給与の額が3分の1になっていることが確認されるが、〔某金融機関〕から3億円の融資を受けるに当たり、平成22年6月に同行職員との面接に参加したり、本件分掌変更後にも関わらず代表取締役と表記された名刺を携行して部外者に交付し、また、請求人のホームページに「取締役会長」として請求人の理念を掲載していた（〔新代表者〕は当該記事の掲載時期、掲載理由について承知していなかった。）など、請求人における地位を保っていた。
>
> さらには、上記ロの(ヘ)のとおり、請求人の定時総会等は、議決権の3分の1以上を有する株主の出席を求め、出席株主の議決権の過半数をもって決議するとしているところ、本件役員は、請求人の発行済み株式総数の2分の1を超える持株があることから、請求人の定時総会等は、本件役員の出席なくしては開催できず、かえって、本件役員のみでも開催し決議も行えることからしても、本件役員は、請求人において、本件分掌変更後もなお一定の影響力のある地位を占めていると認められる。
>
> （注）〔　　〕内は筆者加筆。

実質退職の意思がないとの点は、納税者の対応のまずさも原因のため割愛するとして、ここで触れておきたいのは、大株主であることを理由とした部分である。

たしかに、大株主であれば実質退職があり得ない、というのは、昔から議論となっていたところである。ただ、それをいえば大株主は死ぬまで実質退職があり得ないことにもなりかねない。

しかし、この論点については、決着をつけたと思われる判決が既に存在していた。東京地裁平成20年6月27日判決（Q19参照）である。

この事件は、大株主である元代表取締役が退任して監査役に就任し，その際に役員退職給与を支給したという内容である。ただし，この分掌変更による退職が実質的な退職として，認められるかどうかが争いになり、この判決の中で、大株主の地位が与える影響を以下のように整理している。

> 原告三郎は原告会社において、役員としてはおろか、従業員としても一切の業務を行っていない状態になったのであって、仮に、原告乙が筆頭株主として原告会社に対して何らかの影響を与え得るとしても、それは、飽くまで株主の立場からその議決権等を通じて間接的に与え得るにすぎず、役員の立場に基づくものではないから、株式会社における株主と役員の責任、地位及び権限等の違いに照らすと、上記のような株式保有割合の状況は、原告乙が原告会社を実質的に退職したと同様の事情にあると認めることの妨げとはならないというべきである。（東京地判平20.6.27・民事38部・平18（行ウ）466）

つまり、間接的な事情として斟酌する余地はあるけれど，これを直接の理由にして否認することはできない、との判断である。

残波事件の地裁判決においては、分掌変更退職として審判所が否認した事実は，きれいさっぱり消えている。国側有利の結論であったにもかかわらず、地裁での国側主張に一切出てこないのである。これは、裁判の争点を見直す過程で，大株主であることを理由にしての分掌変更退職給与の否認は、既に国側が勝てない論点となっていることを認識していたからであろう。

大株主による否認論を持ち出さなければ、実質退職の事実がないという部分で、分掌変更退職給与の否認として、国税側が勝訴していた可能性もあったと思われる。

3 東京地裁平成28年4月22日判決（➡216頁参照）

裁決の結果に納得できなかった納税者は、東京地裁に訴訟提起する。その結果、先に述べたように、役員報酬は高額否認されたままだが、役員退職給与については、損金算入が認められた。

(1) 役員退職給与の高額否認の論理

課税庁は、前代表者に対する役員退職給与に対して、比較法人の最高額を超える部分について否認を行った。

ここでの注目は、役員の報酬月額についても高額否認を行っているにもかかわらず、課税庁が認める適正な役員の報酬月額を用いずに、否認前の報酬月額により適正な役員退職給与額を計算している、という部分である。

例えば、最終報酬月額600万円のうち、適正額を超えるとして200万円が否認されたのであれば、

役員退職給与適正額＝　適正報酬月額400万円（600万円－200万円） ×勤続年数24年×功績倍率３倍

適正報酬月額400万円をもとに役員退職給与の適正額を計算するというのが、通常の発想である。

しかし、本件地裁判決では、このような計算を採用していないの

である。つまり、役員報酬の適正額計算と、役員退職給与の適正額計算のロジックとは、まったく別物でよいとの判断である。たしかに、法人税法施行令70条は、１号が役員報酬の適正額を規定し、２号で退職給与の適正額を規定しており、両者は、独立した別個の判断になっているといえる。

●法人税法施行令

（過大な役員給与の額）

第70条　法第34条第２項（役員給与の損金不算入）に規定する政令で定める金額は、次に掲げる金額の合計額とする。

一　次に掲げる金額のうちいずれか多い金額

イ　内国法人が各事業年度においてその役員に対して支給した給与（法第34条第２項に規定する給与のうち、退職給与以外のものをいう。以下この号において同じ。）の額（第３号に掲げる金額に相当する金額を除く。）が、当該役員の職務の内容、その内国法人の収益及びその使用人に対する給与の支給の状況、その内国法人と同種の事業を営む法人でその事業規模が類似するものの役員に対する給与の支給の状況等に照らし、当該役員の職務に対する対価として相当であると認められる金額を超える場合におけるその超える部分の金額（その役員の数が２以上である場合には、これらの役員に係る当該超える部分の金額の合計額）

ロ　定款の規定又は株主総会、社員総会若しくはこれらに準ずるものの決議により、役員に対する給与として支給することができる金銭その他の資産について、金銭の額の限度額若しくは算定方法、その内国法人の株式若しくは新株予約権の数の上限又は金銭以外の資産（ロにおいて「支給対象資産」という。）の内容（ロにおいて「限度額等」という。）を定めている内国法人が、各事業年度においてその役員（当該限度額等が定められた給与の支給の対象となるものに限る。ロにおいて同じ。）に対して支給した給与の額（法第34条第６項に規定する使用人としての職務を有する役員（第３号において「使用人兼務役員」という。）に対して支給する給与のうちその使用人としての職務に対するものを含めないで当該限度額等を定めている内国法人については、当該事業年度において当該職務に対する給与として支給した金額（同号に掲げる金額に相当する金額を除く。）のうち、その内国法人の他の使用人に対する給与の支給の状況等に照らし、当該職務に対する給与として相当であると認められる金額を除く。）の合計額が当該事業年度に係る当該限度額及び当該算定方法により算定された金額、当該株式又は新株予約権（当該事業年度に支給されたものに限る。）の当該上限及びその支給の時（第71条の３第１項（確定した数の株式を交付する旨の定めに基づいて支給する給与に係る費用の額等）に規定する確定数給与（ロにおいて「確定数給与」という。）にあつては、同項の定めをした日）における一単位当たりの価額により算定された金額並びに当該支給対象資産（当該事業年度に支給されたものに限る。）の支給の時における価額（確定数給与にあつては、同項に規定する交付決議時価額）に相当する金額の合計額を超える場合におけるその超える部分の金額（同号に掲げる金額がある場合には、当該超える部分の金額から同号に掲げる金額に相当する金額を控除した金額）

二　内国法人が各事業年度においてその退職した役員に対して支給した退職給与（法第34条第１項又は第３項の規定の適用があるものを除く。以下この号において同じ。）の額が、当該役員のその内国法人の業務に従事した期間、その退職の事情、その内国法人と同種の事業を営む法人でその事業規模が類似するものの役員に対する退職給与の支給の状況等に照らし、その退職した役員に対する退職給与として相当であると認められる金額を超える場合におけるその超える部分の金額

三　（略）

次に注目すべきが、他社の数値の利用方法である。

この地裁判決では、功績倍率適用時の最終報酬月額として、適正

な役員報酬額を使わないだけではなく、同業他社の平均額ではなく、その最高額を利用しているのである。

東京地裁は、この法人の経営や成長は、この退職した前代表者の貢献が大きいことを認め、比較法人の最高額を超えないのだから、不相当高額部分はないものと判断したのである。

国側は、平均額を適用すべきと主張しているのだが、これを裁判所は斥けている。平均の母数が少ないことと、異常値が混入しているのをそのまま平均していることから、平均額の利用は妥当ではないとの判断である。

ただし、この最高額を超えないことが、不相当高額否認額の判断基準として常に成立するかといえば、それは疑問である。あくまで残波事件は、比較となるサンプルの問題から、平均を用いるのに適していない事例とされただけである。比較法人の最高額をそのまま使えるのか、あるいはその平均額を用いるべきかは、比較法人のデータの状況によって変わり得る、ということを忘れてはいけない。

＜不相当高額否認における相当額の算定＞

- **一般……同業他社の平均額を利用**
- **残波事件……同業他社の最高額を利用**

  ➡本件では、平均額を用いることが妥当ではない事案と判断された。

そして、そもそも見逃してはならないのは、同業他社が皆、高額な役員退職給与を支給していた、という特殊性である。沖縄の泡盛を製造している酒造会社は、比嘉酒造に限らず、高額な役員退職給与を支給しているという実態があり、それを踏まえれば、比嘉酒造の支給額が特に突出しているわけではない、ということである。

その意味で、この残波事件の高額役員退職給与支給が納税者勝訴になったことの影響は、一般論でいえば、かなり小さいといえる。なぜなら、自社以外も皆が儲かっているという業界は、そうそうないからである。ただし、同規模の同業者が高額な額の支給をしている医療法人などは、本事例が納税者にとってプラスになるかもしれない。

ココに注目！

● 残波事件は、特殊な事例であり、実務に与える影響は小さい。

(2) 自社の役員報酬・役員退職給与が高額か否かの判断

この地裁判決では、納税者が他社データを利用するという場面で、参考となる部分もあった。

> その上、原告の主張においても、上記３要素を用いて相当額を算定した上で、類似法人の役員給与額を確認的に使用するという方法が、具体的にどのようなものであるのかは明らかでないし、類似法人の役員給与データを入手できる社会状況が消失した旨の主張も、財務省や国税庁がホームページ上で公表している「法人企業統計年報特集」、「民間給与実態統計調査」や税務関係の雑誌である「週刊税務通信」の掲載記事や、税務関係の書籍にも参考となる資料が数多く掲載されているし、東京商工リサーチのTSRレポートのサンプルには、役員数や役員報酬の金額が記載されているのであって、これらの資料から、類似法人の一人当たりの平均役員給与額を算定することも可能であることからすれば、理由がない。

これは、国側が行った反論である。

もちろん、個別裁判での反論であり、争いが生じた場合にこれが常にそのまま通用するわけではないであろう。しかし、これらの数値を使って納税者が合理的な判断を行った場合に、国側がこれを否認するのは、天に唾を吐くことになり、かなり苦労することになるであろう。

ココに注目！

- 役員退職給与の高額否認の懸念がある場合には、民間データベースを疎明資料として用意しておくことも検討する。

③ 平均功績倍率50％加算事案～不相当高額否認事件・その3

Q17

東京地裁平成29年10月13日判決では、役員退職給与相当額の算定に当たり、平均功績倍率の1.5倍を容認しました。今後の実務においてもこの判決の考え方は採用可能と考えてよいでしょうか？

A　本判決は、非常に斬新な判決と一般的には位置づけられていたが、平成30年４月25日控訴審判決により納税者の請求が棄却されている（さらに平成31年２月21日上告審棄却）。よって、功績倍率３倍を超える退職給与の支給は今後も慎重に行うべきである。

1　事件の概要

原告Ｘは、昭和27年９月29日に資本金4,950万円で設立されたミシン部品等の製造及び販売を行う株式会社である。Ｘは、平成21年７月１日に臨時株主総会を開催し、その株主総会において、平成20年10月４日に死亡した当時の代表取締役甲に対し４億2,000万円の退職慰労金（以下「本件役員退職給与」という）を支給する旨の決議がなされた。この株主総会の議事録には、次の計算式を記載した文書が添付されている。

計算式

240万円（最終報酬月額）×27年（勤続年数）×５倍（役員倍数）×1.3（功労加算）＝４億2,120万円

Ｘは、本件役員退職給与の全額である４億2,000万円を損金の額に算入し、平成21年８月期（以下「本件事業年度」という）分の法人税につき、法定申告期限までに、所得金額6,391万3,941円、納付すべき税額1,726万8,200円とする確定申告を行った。

これに対し、所轄税務署長は、平成26年７月４日付けで、Ｘに対し、原告の本件事業年度分の法人税について、原告が損金の額に算入した本件役員退職給与の額の一部が法人税法34条２項に規定する不相当に高額な部分の金額に当たり、損金の額に算入されないことを理由として、所得金額２億6,683万3,941円、納付すべき税額7,814万4,200円とする更正等を行った。

Ｘは、これを不服として、平成26年９月１日付けで審査請求をしたが、棄却する旨の裁決を受けたため平成27年12月21日、本件訴えを提起した。

2　法人税法34条２項及び法人税法施行令70条１項２号の趣旨

本判決において、裁判所は、法人税法34条２項の趣旨について次のように述べている。

法人の役員に対する退職給与等が法人の利益処分たる性質を有する場合があることから、法人所得の金額の計算上、一般に相当と認められる金額に限り必要経費として損金算入を認め、それを超える部分の金額については損金算入を認めないことによって、実態に即した適正な課税を行うことにあると解される。

そして、法人税法34条２項の委任を受けた法人税法施行令70条２号は、法人税法34条２項所定の「不相当に高額な部分の金額」を役員退職給与について算定するに当たり考慮すべき事項を定型化して具体的に定めたものということができる。

●法人税法

（役員給与の損金不算入）

第34条　（略）

２　内国法人がその役員に対して支給する給与（前項又は次項の規定の適用があるものを除く。）の額のうち不相当に高額な部分の金額として政令で定める金額は、その内国法人の各事業年度の所得の金額の計算上、損金の額に算入しない。

●法人税法施行令

（過大な役員給与の額）

第70条　（略）

二　内国法人が各事業年度においてその退職した役員に対して支給した退職給与（法第34条第１項又は第３項の規定の適用があるものを除く。以下この号において同じ。）の額が、当該役員のその内国法人の業務に従事した期間、その退職の事情、その内国法人と同種の事業を営む法人でその事業規模が類似するものの役員に対する退職給与の支給の状況等に照らし、その退職した役員に対する退職給与として相当であると認められる金額を超える場合におけるその超える部分の金額

（以下略）

3 本件役員退職給与の額のうち「不相当に高額な部分の金額」

(1) 役員退職給与の相当額の算定方法

役員退職給与の相当額の算定方法としては、一般に、次の3つが考えられる。

① 平均功績倍率法

退職役員に退職給与を支給した当該法人と同種の事業を営み、かつ、その事業規模が類似する法人(以下「同業類似法人」という。)の役員退職給与の支給事例における功績倍率の平均値に、当該退職役員の最終報酬月額及び勤続年数を乗じて算定する方法。

② 1年当たり平均額法

同業類似法人の役員退職給与の支給事例における役員退職給与の額を、その退職役員の勤続年数で除して得た額の平均額に、当該退職役員の勤続年数を乗じて算定する方法。

③ 最高功績倍率法

同業類似法人の役員退職給与の支給事例における功績倍率の最高値に、当該退職役員の最終報酬月額及び勤続年数を乗じて算定する方法。

(2) 原処分庁の主張

上記3つの方法のうち、原処分庁は、①の平均功績倍率法により役員退職給与相当額を算定するのが最も合理的な方法であると主張する。その理由は、次のとおりである。

○原処分庁が平均功績倍率法を採用する理由

平均功績倍率法は、①当該退職役員の在職期間中における報酬の最高額であり当該法人に対する功績の程度を最もよく反映する最終報酬月額、②法人税法施行令70条２号所定の「当該役員のその内国法人の業務に従事した期間」に相当する勤続年数及び③これら以外の役員退職給与の額に影響を及ぼす一切の事情を総合評価した係数である功績倍率を同業類似法人間に通常存在する諸要素の差異やその個々の特殊性を捨象して平準化した数値である平均功績倍率を用いて役員退職給与の相当額を算定する方法であり、法人税法34条２項及び法人税法施行令70条２号の趣旨に最も合致する合理的な算定方法である。

⑶ 「同業類似法人」の抽出方法

続けて、原処分庁は次の条件をすべて満たす法人を機械的に抽出し、同業類似法人としている。

① 原告の所在地と経済事情が類似する地域である新潟県内に所在している。

② 原告と同種の事業である日本標準産業分類の大分類「Ｅ－製造業」の中分類「24－金属製品製造業」を基幹の事業としている。

③ 事業規模の類似性を判断する要素である売上金額が原告の本件事業年度の売上金額の２分の１から２倍の範囲内（いわゆる倍半基準）である事業年度がある。

④ 当該事業年度において原告と同じく死亡退職した代表取締役に対して退職給与の支給がある。

⑤ 当該事業年度について不服申立て又は訴訟が係属中でない。

上記の抽出基準を満たす５法人の平均功績倍率は3.26である。

●図表－13　本件同業類似法人

抽出法人	退職給与額	最終報酬月額	勤続年数	功績倍率
A	124,000,000円	800,000円	36年	4.31
B	110,000,000円	2,740,000円	13年	3.09
C	180,000,000円	4,000,000円	15年	3.00
D	130,000,000円	1,200,000円	51年	2.13
E	292,500,000円	3,000,000円	26年	3.75
平均功績倍率				3.26
原　告	420,000,000円	2,400,000円	27年	6.49

⑷　原処分庁が主張する「不相当に高額な部分の金額」

上記平均功績倍率3.26に死亡退職した甲の最終報酬月額240万円及び勤続年数27年を乗じると、２億1,124万8,000円となるから、同額が本件役員退職給与として相当であると認められる金額となる。よって、原処分庁は、本件役員退職給与４億2,000万円のうち、これを超える２億875万2,000円は、「不相当に高額な部分の金額」（法法34②）に該当し、損金の額に算入されないと主張した。

4　東京地裁の判断

⑴　平均功績倍率法の合理性

裁判所は、被告が採用している平均功績倍率法について、次のとおり、合理性があるとの判断をしている。まず、最終報酬月額は、通常、当該退職役員の在任期間中における報酬の最高額を示すものであるとともに、当該退職役員の在任期間中における法人に対する功績の程度を最もよく反映しているということができる。

次に、勤続年数は、法人税法施行令70条２号が規定する「当該役員のその内国法人の業務に従事した期間」に相当する。

さらに、功績倍率は、これらの要素以外の役員退職給与の額に影響を及ぼす一切の事情を総合評価した係数であり、同業類似法人における功績倍率の平均値を算定することにより、同業類似法人間に通常存在する諸要素の差異やその個々の特殊性が捨象され、より平準化された数値が得られるものということができる。

⑵　同業類似法人の抽出基準の合理性

原告は、調査対象地域を新潟県内に限定したことが不合理であると主張するが、被告が原告の本店所在地である新潟県三条市と経済事情が類似すると認められる新潟県内に納税地を有する法人を対象として原告の同業類似法人の調査をしたことは合理的ということができる。

次に、原告は、業種を金属製品製造業に限定したことが不合理である旨を主張するが、原告の本件事業年度の直前の３事業年度の商品別売上金額の中でも金属製品の売上金額が占める割合が大きく、リース業及びメンテナンス業の売上金額は計14％に満たないことからすれば、原告の同業類似法人の抽出に当たり、日本標準産業分類における、大分類「Ｅ－製造業」の中分類「24－金属製品製造業」を基幹事業としていることを基準としたことは合理的ということができる。

さらに、原告は、売上金額を基準としたことや倍半基準を用いたことが不合理である旨を主張するが、原告と事業規模が類似する法人を抽出するに当たり、事業の規模を示す指標である各法人の売上金額を抽出基準の１つとすることは合理的であり、また、具体的な基準として売上金額が原告の売上金額の半額から倍額までの金額の範囲内にあることを抽出基準としたことも原告と事業規模が類似する法人を抽出する基準として合理的であるということができる。

そのほかの基準についても、原告の場合と同じ役職名の役員の同じ退職理由による退職給与の損金算入額が争いなく確定している法人を抽出する基準であり、支給事例としての適格性を担保するための基準として合理性があるということができる。

⑶ 退職給与として相当な金額とは

本件役員退職給与が当該退職役員の具体的な功績等に応じて支給されるべきものであることに鑑みると、平均功績倍率を少しでも超える功績倍率により算定された役員退職給与の額が直ちに不相当に高額な金額になると解することはあまりにも硬直的な考え方であって、実態に即した適正な課税を行うとする法人税法34条２項の趣旨に反することにもなりかねず、相当であるとはいえない。しかも、平均功績倍率を少しでも超える功績倍率により算定された役員退職給与の額が直ちに不相当に高額な金額になるとすると、例えば本件においても、同業類似法人ＡとＥの支給事例は不相当に高額な金額の退職給与の支給をしていたということになりかねず、当該支給事例が、役員退職給与の損金算入額が争いなく確定し、支給事例としての一定の適格性が担保されている同業類似法人であるという本件平均功績倍率の算出の前提と矛盾することになるから、この点でも不合理というべきである。

このように考えると、少なくとも課税庁側の調査による平均功績倍率の数にその半数を加えた数を超えない数の功績倍率により算定された役員退職給与の額は、当該法人における当該役員の具体的な功績倍率に照らしその額が明らかに過大であると解すべき特段の事情がある場合でない限り、同号にいう「その退職した役員に対する退職給与として相当であると認められる金額」を超えるものではないと解するのが相当であるというべきである。

以上のように、東京地裁判決では、平均功績倍率法を合理的としつつも、平均功績倍率法の問題点を指摘し、役員退職給与の適正額の算定方法に修正を加えている。その方法が平均功績倍率を1.5倍したものであるとしたのに対しては、当時、専門家の間でも衝撃が走った。原処分庁がすぐさま控訴したのには「当然の選択」と評価する向きが多く、案の定というか当然というのか、控訴審判決では1.5倍基準が否定されてしまったわけである。

1.5倍とする根拠に乏しい今回の地裁判決は、高裁で覆される蓋然性の高い内容であったといわざるを得ない。

5 控訴審判決（東京高裁平成30年４月25日）の概要

一審では、平均功績倍率の1.5倍を認めるという驚きの判決が出たわけであるが、その後、被告は控訴し、原告も付帯控訴を行った。この控訴審については、平成30年４月25日に判決が出され、一審で決定した内容がすべて棄却され、原処分庁の主張がそのまま通ったかたちとなった。

しかしながら、平均功績倍率を少しでも超える功績倍率により算定された役員退職給与の額が直ちに不相当な金額になるとされるなら、サンプルとして抽出された５法人のうち、ＡとＥは平均功績倍率を超えて退職給与が支給されており、支給事例としての一定の適格性が担保されている同業類似法人の平均を算出するという平均功績倍率法の算出の前提と矛盾することになるとの反論が考えられるところである。

これについて控訴審では、次のように説明をしている。

平均功績倍率法は現に判断の対象となっている法人における退職給与額の相当性を判断するものであって、同判断のための資料となった類似法人における退職給与額の相当性を判断するものではないから、平均値より功績倍率の高い類似法人の退職給与額が直ちに不相当に高額であるということはできない。すなわち、このような功績倍率の高い類似法人の退職給与額がそれ自体相当であるか否かは、当該法人を基準として同業類似法人を倍半基準によって抽出することによって判断されるから、抽出される同業類似法人が当然に異なってくるのであり、平均功績倍率もまた異なってくるところ、上記反論はこの点を看過している。

さらに、以下のとおり喝破している。

平均功績倍率法は、同業類似法人における功績倍率の平均値を算定することにより、同業類似法人間に通常存在する諸要素の差異やその個々の特殊性を捨象して平準化された数値を出すことに意義があるのだから、類似法人の中に算出された平均値より不相当に高い功績倍率を用いた法人があったとしても、平均値を算定することの合理性は失われない。したがって、上記反論は不正確な前提に基づくものであり失当である。

では、実際にＡとＥについて、同業類似法人を抽出し平均功績倍率を算出した場合、それぞれの功績倍率が平均値以下に収まっているのだろうか。結果は甚だ疑わしい。本件は、原告が採用した6.49という不相当に高い功績倍率を用いたことが呼び水となり、平均功績倍率での算出を強制されてしまったという失敗事例だろう。類似法人のＡとＥは、それぞれ功績倍率４倍前後であっても、現場で否認されることはなかったのである。いったん、課税庁から不相当に高額として否認された場合には、平均功績倍率の算定が行われることを覚悟しておかなければならない。

なお、高裁で逆転敗訴となった納税者側はすぐさま最高裁に上告したが、平成31年２月21日に棄却され、高裁判決が確定している。

6　一審判決の提示した問題

法人税法施行令70条２号は、役員退職給与の相当額について、次のように定めている。

「当該役員のその内国法人の業務に従事した期間、その退職の事情、その内国法人と同種の事業を営む法人でその事業規模が類似するものの役員に対する退職給与の支給の状況等に照らし、その退職した役員に対する退職給与として相当と認められる金額」

実務上最も頻繁に利用されるのは、類似法人の支給額との比準である。よって、当該類似法人の選定の合理性が問題となるのだが、そもそも納税者側からすると、類似法人を自ら選定することは適わず、しかも課税庁側が選定した類似法人が果たして実在するものか否か、若しくはそれらの事業規模等の各条件が正確であるか否かも検証する機会が設けられてはいない。一審判決でもそのことに触れ、平均功績倍率を機械的に適用すべきではないと指摘していたが、控訴審で覆されてしまった。不相当高額否認事件として著名な残波事件（Q16参照）と同様に、平均功績倍率ではなく類似法人の最高額を使用することに合理性があるとの主張を当初から行っていても結果は同じだったのだろうか。疑問が残るところである。

さらに、退職給与を含む役員給与は、当該役員の会社に対する役務提供の対価として支払われるものであり、その役務提供の内容は千差万別で一律に測れるものではないだろう。それを同業類似法人の平均値のみによって推し測ろうというのであるから、本高裁判決に疑問なしとしない。

さらに、功績倍率の基礎となる最終報酬月額は、一般的には当該役員の会社に対する功績の程度を最もよく反映しているものと解されているが、実際はそうはなっていないケースも多々見受けられる。例えば、役員在籍中は自己の報酬を削減して、会社の業績を最優先にしているケースや、役員在任終盤に役員報酬を減額してしまうといったケースだ。最終報酬月額が役員在任期間中、最も会社に貢献した時期の報酬といえるのか、事案によっては検討の余地があろう。

ココに注目！

- 功績倍率を1.5倍する一審判決には衝撃が走ったが、控訴審判決で覆されてしまった。実務においては、これまで通り3.0倍を１つの目安としておいたほうが無難であろう。

④ 東京地裁平成27年２月26日～分掌変更退職給与事件・その１

Q18

東京地裁平成27年２月26日の判決は、分掌変更退職給与を分割支給する納税者の処理を是認しました。今後、分掌変更役員退職給与の分割支給は当然に認められると考えてよいのでしょうか？

A 判決の解釈には問題があり、今後の実務で一般的に認められると考えるのは危険である。総額や支給時期が決議時に確定していれば分割支給が認められる場合もあるが、今後も分割処理はしないのが実務の基本である。判決は従来の考え方を変更したのではなく、この事案限りの救済と理解すべきであろう。

1 事件の概要

分掌変更退職給与について、支給決議をした日の属する事業年度で一部を支払い、翌事業年度に残金を支払って、各々、支払った事業年度の損金に計上した処理を容認する判決例が登場した。２億5,000万円の支給を株主総会決議し、決議した事業年度に7,500万円を支払い、翌事業年度に１億2,500万円を支払い、各々の事業年度に損金処理していた事案である。

課税庁は、分掌変更役員退職給与通達（法基通９－２－32）による損金算入ができるのは、第１回支給分の7,500万円分のみと判断した。ところが、東京地裁平成27年２月26日判決は、分掌変更退職給与にも法人税基本通達９－２－28ただし書が適用されると判断し、第１回、第２回の退職給与の支払について、各々の支払日に損金算入する納税者の処理を認めた。

●法人税基本通達

（役員に対する退職給与の損金算入の時期）

9－2－28　退職した役員に対する退職給与の額の損金算入の時期は、株主総会の決議等によりその額が具体的に確定した日の属する事業年度とする。ただし、法人がその退職給与の額を支払った日の属する事業年度においてその支払った額につき損金経理をした場合には、これを認める。

2　株主総会決議はあったのか

役員退職給与の支給には株主総会の支給決議が必要である。支給決議によってはじめて会社に支給義務が生じる。この点で、本件では、株主総会議事録はバックデートで作成されたものであり、実際の株主総会は行われていないと課税庁は判断した。なお、手帳に食事会のメモ書の記載が存在したが、これをもって株主総会があったと認めることはなかった。

これに対し、裁判所は、食事会に株主全員が揃っており、取決め内容についてのメモ書があったことに加え、退職金の計算書の存在や源泉所得税の分割納付による支給の事実があることから株主総会議事録はなくても株主総会の開催を認めた。

仮に家族で100％を所有する同族会社では、全員が集まっての食事会を株主総会とすることが可能だということである。しかし、わずかでも外部株主がいる場合には、実際の株主総会の開催と議事録の作成は不可欠だと理解すべきだろう。

実務家としては、株主総会議事録が不要だと積極的に指導するのはもちろん間違いである。株主総会議事録の作成を指導せず、役員退職給与の支給をそのまま認めたとすれば、それは否認リスクに対してあまりにも甘い判断としかいいようがない。

3 通達の分割支給への考え方

納税者は、法人税基本通達９－２－28ただし書がそのまま適用でき、分割支給の都度損金経理することが可能と判断した。税理士は、分割支給の期間は３年が限界と指導していた。分割支給は認められないとは説明していなかった。

しかし、法人税基本通達９－２－28は、分掌変更退職給与には適用されないとするのがこれまでの一般的な理解である。法人税の利益操作を認めない観点から、打切支給の考え方と同様、分割支給は認めないのが原則となる。

例えば、東京地裁平成20年６月27日判決では、分掌変更退職給与について、実質的な退職の事実は認められた。この点では納税者の主張が認められたわけだが、未払計上をしたことにつき、支給額の確定時期は翌期だとして損金算入は否定されている。

●法人税基本通達

（役員の分掌変更等の場合の退職給与）
9－2－32　（略）
（注）　本文の「退職給与として支給した給与」には、原則として、法人が未払金等に計上した場合の当該未払金等の額は含まれない。

分掌変更退職給与の未払処理は原則として認められないが、資金繰りによる短期的な未払処理までは否定されていない。しかし、一括支給に際して未払計上することと、今回の事例のように決議時に未払計上をせず、支払った年度で損金経理することは、同じ未払でもまったく異なる処理である。前者は役員退職給与の損金計上時期だけの問題であるが、支払の都度損金処理を行う場合は、つまみ食いによる利益調整が可能となってしまうからである。

おそらく、顧問税理士が、分掌変更退職給与には本来未払計上は認められないという法人税基本通達９－２－32を知らずに処理してしまった事案だと推察される。知っていたら、恐ろしくて絶対に認めることはないはずである。

仮に、分割支給による支給時の損金算入を認めると、定期同額給与に代えて役員退職給与を分割支給する悪用が可能になってしまう。例えば、定期同額給与の支給を停止し、分掌変更による役員退職給与として分割で支給すれば、所得税を大幅に節約することができてしまう。役員にとどまりながら支給を受ける分掌変更退職給与ゆえに可能な処理である。

分掌変更ではなく、完全な退職の場合には分割支給を認めても弊害はない。だからこそ、分掌変更による役員退職給与には分割支給が認められないのが実務だったのであるが、このような税法理論を裁判官が理解できるとは限らない事例だといえそうである。

裁判所は、資金繰りの経常収支が赤字にならない範囲で支給するために分割支給することは認められると判断した。また、公正な会計処理基準からも認められるとした。しかし、これは誤った判断だといわざるを得ない。資金繰上支払が行えないならともかく、経常的な収支の赤字をもって、支給が可能であるにもかかわらず分割支給を認めるという税務の理屈はない。また、会計処理基準と税法では目的が違うので、会計処理基準が常に税務処理の根拠になることはない。

4 判決の課題

本裁判例の公表後に出版された通達逐条解説では、分掌変更退職給与について、実質的に退職と同様の事情にあることを前提として、分割支払に一定の合理性があり、かつ、分掌変更段階において、退職給与の総額・支払の時期と終期が明確である場合には、支払の都度損金算入することが認められるとする記述が追加された。つまり、支給総額と支給方法があらかじめ確定しており、それに基づく支給を行っている限りは認められるとの解説である（高橋正朗編著『法人税基本通達逐条解説（十訂版）』（税務研究会出版局）919頁）。

これを踏まえると、分割支給に至った事情の「一定の合理性」に加え、決議時点で役員退職給与の総額や支払時期が明確に定められていることがポイントになる（中山孝道「分掌変更に伴う役員退職金の分割支給をした場合の損金算入」租税研究平成29年３月号）。利益調整とみられるリスクを避けるためにも、客観的にみて分割支払に至るやむを得ない事情があることが必要である。

ただし実務上は、役員退職給与の支給に当たっては株主総会の開催と議事録の作成は必ず行い、税務上の処理として、決議した日の事業年度において一括支給することが基本だと考えるべきである。

いずれにしても、この事案は、分掌変更による退職の事実には争いがなかった。そう考えると、形式要件だけで実行する分掌変更退職給与の支給は、退職の事実がないとして否認されるリスクがあることは今後も変わらない。実際に、未だに分掌変更退職給与の処理をめぐる否認事例が登場している。

今回の事例は、税法理論ではなく、会計理論を採用したこの事案限りの救済事案だと位置づけるべきであろう。

ココに注目！

- 株主が家族のみの会社では家族の食事会を株主総会と認定する余地がある。
- 分掌変更退職給与の分割支給・未払処理は、今後も安易に実行しないのが基本。

⑤ 東京地裁平成20年6月27日～大株主の分掌変更退職／分掌変更退職給与事件・その2

Q19

大株主の分掌変更役員退職給与は、大株主であることだけを理由として否認されることもあったと聞いています。近年これが変わった契機として、東京地裁平成20年6月27日判決が挙げられることがあります。どのようなものであったか説明してください。

A　大株主の扱いについて課税庁に方針転換を促した裁判例である。ただし、分掌変更役員退職給与の論点そのものについては納税者が勝ったものの、最終的には作為部分で自滅した事例と位置づけることが可能である。反面教師事例としても有用であろう。

1　事件の概要と課税庁による分掌変更の事実の否認

東京地裁平成20年6月27日判決は、それまでの課税庁の、分掌変更役員退職給与への態度を転換させる契機となった裁判例であると考えられる。

まず、会社の元代表取締役が、退任して監査役に就任した。その際に、退職給与4,500万円を損金算入して申告した。

●図表－14　代表取締役退任から法人税確定申告までの流れ

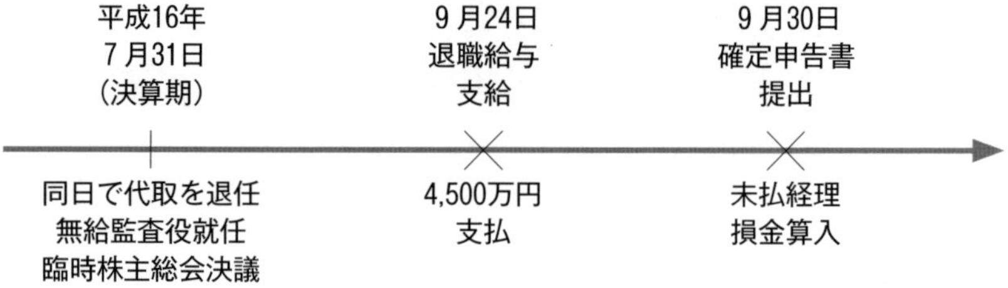

課税庁は、代表取締役退任後も同族会社で35％所有の筆頭株主であることもあり、分掌変更通達（法基通９－２－32）の(2)における除外に該当し、実質退職したとはいえない、と判断した。納税者は同通達(3)で報酬激変があるからと主張したが、課税庁は、恣意的な分掌変更になると反論した。

なお、本事例で注意すべきは、雑費500万円込み合計5,000万円が、未払金処理されていたことである。

2　分掌変更役員退職給与が否認されるとどうなるか

すでにQ18で扱っている論点であるが、分掌変更役員退職給与が否認される場合の、課税上の取扱いは、いわゆるトリプルパンチ課税となる。

①　法人税：役員退職給与➡役員退職給与以外の役員給与
　　　　　➡定期同額給与等以外の役員給与で全額損金不算入

②　所得税：退職所得➡給与所得

③　源泉所得税：退職所得の源泉徴収税額
　　　　　　➡給与所得の源泉徴収税額（徴収漏れ）（住民税にも影響）

3　課税庁による利益操作としての未払金経理否認

課税庁側は、分掌変更そのもの以外に、未払を認めない点も主張していた。

旧通達は未払処理が原則不可であることが明示されていなかったが、平成19年３月13日改正後通達で明確化された。

さらに、退職給与支給額の決議議事録が２通あり、金額が異なるという疑義もあった。そして、分掌変更後の本人給与は下がっても、役員報酬全体は法人で増加している。同居役員で生活基盤は同じだから、入口が違えど、最終的には同じだということになるだろうというのである。課税庁は、単に、分掌変更通達に当てはめようとしただけだと指摘した。

しかも、７月決算法人を前提で、７月分・翌期８月分の役員報酬月額は、旧金額でいったん支払われている。その後になって訂正しているので、分掌変更は翌期９月が真実だろうともいっている。

この時の背景事情として、たまたま、県から建物補償金を受給したので、収入が一時的に発生して、それを原資としなければ、退職給与を支払うこともできなかったはずでもある。どうみても、利益調整で未払金として損金に計上したにすぎないではないかとの主張である。

4　矛盾する２通の株主総会議事録の疑惑

さらに、疑惑の株主総会議事録の問題である。司法書士が作成した臨時株主総会議事録では、退職給与額は3,500万円となっており、平成16年８月２日にＳ法務局に提出されている。

ところが、別途、顧問税理士作成の臨時株主総会議事録があり、退職給与額は4,500万円と記載されていた。この際に、算定基礎資料として、「16年７月31日退職金計算書」があるが、作成日付が平成16年９月16日となっていた。

●図表－15　登記・計算書作成日等を付加した時系列

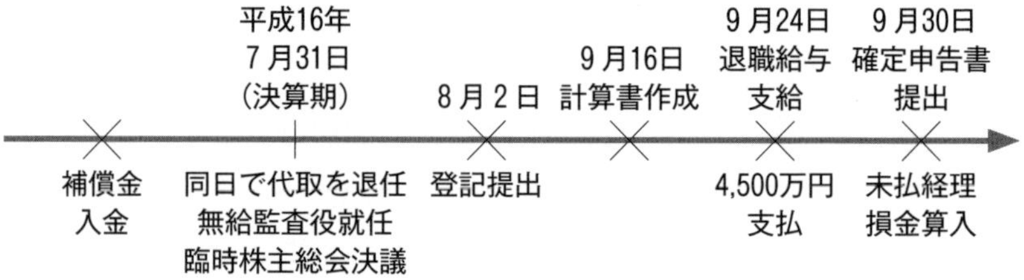

ところで、実は、補償金が振り込まれたのは平成16年７月期中だった。そこで、実は資金面からも、退職給与の支払を遅延させる理由は、特に存在しなかったことになる。

客観的に見れば、これはバックデート処理を行ったものとしか見えない。退職給与は９月24日支払なので、９月16日支給確定が事実であり、未払金経理は、当然認められないと課税庁は主張した。

これに対して、納税者側は、司法書士がミスした、あるいは、計算書は、源泉の説明用に過ぎない、さらに、多忙だったので、当期中に支払えなかったのに過ぎないなどというが、誰の目にも苦しい説明である。

そして、雑費500万円もバックデートであり、給与所得だと指摘されてしまう。この500万円は、最終的に裁判所からも臨時的な役員給与で損金算入不可とされる。

全般的に、取って付けたような処理で、「税務調査おいでおいで」とも見える処理を連発している心証がある。

5 裁判所による分掌変更事実の認定

では、最終的に、裁判所がどのように判断したかだが、まず、前代表取締役が、胆石症で体調が悪くなり、業務分量が減りつつあったとした上で、当期６月には、胆嚢摘出手術を行って、現在も治療を受けているのだと認定した。

つまり、今や、もう店舗に顔を出すこともなく、一切業務に関与しなくなっているので、職務内容は激変していたと認めてくれた。分掌変更の事実そのものはあった、と判断してくれたことになる。

●図表－16 裁判所認定の胆嚢摘出手術を加味した流れ

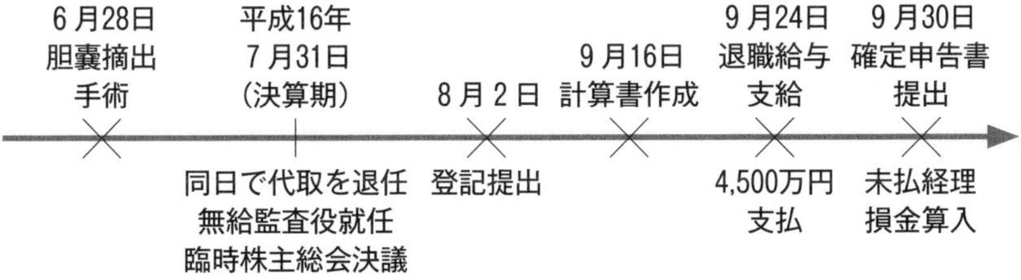

6 裁判所による判断～監査役横滑りによる分掌変更は不可か

その上で、課税庁が通達に沿って主張していた、監査役横滑りと大株主はダメとの主張についても判断を示した。

まず、監査役横滑りについて、小規模同族会社では、よくあることだと認めてくれた。

「原告会社のように役員全員が同居する家族のみで構成される小規模な同族会社においては、監査役の業務が実際上重要視されておらず、原告乙のように、現実には仕事をすることが困難な状況にある者について上記のような扱いをすることは間々あることということができる。」

少なくとも、監査役に留まっていたから権限があった、とはいえないというわけである。会社法学者などは憤慨しそうな言説であるが、現実を的確に把握したものと評することができるだろう。

7 裁判所による判断～大株主であることが分掌変更事実の障害になるか

さらに、大株主である点はどうかについても、業務実態が完全になくなったのであれば、それがすべてだと判断した。

「原告乙は原告会社において、役員としてはおろか、従業員としても一切の業務を行っていない状態になったのであって、仮に、原告乙が筆頭株主として原告会社に対して何らかの影響を与え得るとしても、それは、飽くまで株主の立場からその議決権等を通じて間接的に与え得るにすぎず、役員の立場に基づくものではないから、株式会社における株主と役員の責任、地位及び権限等の違いに照らすと、上記のような株式保有割合の状況は、原告乙が原告会社を実質的に退職したと同様の事情にあると認めることの妨げとはならないというべきである。」

つまり、間接的な事情として斟酌する余地はあるけれど、これだけを理由にして否認することはできないと判断したことになる。

この点は、すでにQ6で述べたとおり、それまでの課税庁の執行について、大株主については、分掌変更退職金の取扱いを認めないとしていたことと、完全に矛盾する。

例えば、大阪国税局法人課税課の審理用資料では、オーナー株主について分掌変更役員退職給与の取扱いを認めないことが明記されている。

(6) 役員の分掌変更等の退職給与（9－2－32） （中略） （留意点） ① 分掌変更後も実質経営者やオーナー株主の地位に留まる者については適用しない。 （以下略）

（出典）「法人審理ガイドブック」（平成25年7月）大阪国税局法人課税課

そこで、近年の課税庁は、取扱いを変更して、大株主であることのみをもって、分掌変更役員退職給与を認めないという取扱いを止めたものと推測できる。残波事件（Q16参照）の国税不服審判所での課税庁の主張が、地裁では一変していたことも、その意味で、この取扱いの変遷であったのではないかと思われる。

そして、これによって、本件では、受給側の所得区分は、給与所得ではなく、退職所得扱いでよいことになった。確かに課税庁のいうとおり、節税動機のアクションだということは否定できないが、退職に実態がある以上、動機だけでは否認できないということであろう。

8 裁判所による判断〜退職給与額確定時期の認定

さらに、裁判所は、退職給与額の確定時期について認定した。役員退職給与の損金算入には、適法な株主総会決議で金額までの確定が必要になる。しかし、金額は、翌期９月の計算書作成段階で決まったと考えるのが自然だと。

説明をこの段階でやる以上、当期７月で金額が決まっていたというのは不自然であり、しかも、矛盾する２通の議事録の存在もある(4参照)。

司法書士は、納税者の主張どおり、打ち間違えのミスだと陳述書を出しているものの、司法書士は聞いた額が不明で、空欄で作成した様子であり、おかしいだろうとする。

結果、どう見ても、７月末までに当期で金額確定したと認めるのは困難であり、当期の損金に入れるのは、無理だと裁判所は判断した。当然であろう。

翻って、なぜ顧問税理士は未払経理でよいと判断したのだろうか。この点、実務家として、非常に不思議な部分である。実務では、絶対に期中に支払うことが鉄則である。

よほどの事情がない限り、未払経理は税務調査の招待状となり、しかも、多くの場合は、まず納税者が勝てないであろう。本事例は、税理士としてどう対処すべきかで、実に良い反面教師事例と考えるべきだろう。他山の石として、絶対にこういう処理を許容してはいけないと、心に刻むべきである。

本件は控訴されなかったため、大株主であることは分掌変更退職の事実を直接左右しないことを言明してくれた裁判例として、非常に有用なものだと評価できるだろう。

落とし穴

大株主であることだけでの否認はなくなったものの、経営支配の事実を推認する間接事実の１つとはなり得る。他の間接事実との合せ技一本にならないように配慮が必要。

⑥ 令和２年12月15日裁決～退職した代表取締役のみなし役員該当性

Q20

税務調査において、退職後もみなし役員として引き続き経営に従事していたと認定された元代表者について、令和２年12月15日の裁決で、国税不服審判所は原処分庁の認定を覆す判断を下しました。

退職の事実があるかないかは何が判断基準となるのか教えてください。

Ａ　本裁決事例では、役員辞任後の元代表者の経営参画状況につき立証責任を有していたのは課税庁側であった。そこで課税庁は、①経営会議への出席及び指示命令、②経営会議以外での指示命令、③金融機関等との交渉の事実、④新規事業の決定等への関与を根拠として、元代表者が退任後も引き続き、請求人の経営に従事していたと主張した。

ところが、国税不服審判所は、元代表者が、役員退任後も引き続き、経営に従事していたと認めるに足る確たる証拠がないとして、本件裁決では、元代表者の退職金の全額が損金として認められるに至った。

1 事件の概要

審査請求人（以下「請求人」という）が元代表取締役に対して支給した退職金の金額を損金の額に算入して法人税等の申告を行ったところ、原処分庁が、元代表取締役は、登記上退任した後も請求人の経営に従事しており、実質的に退職したとは認められないから、当該金額は損金の額に算入されないとして、法人税等の各更正処分及び過少申告加算税の各賦課決定処分を行った。これに対し、請求人が、元代表取締役は形式的にも実質的にも退職したのであるから、当該金額は損金の額に算入されるなどとして、原処分の全部の取消しを求めた事案である。

本件の争点は、本件金員が、退職給与として、平成25年３月期の損金の額に算入されるか否かである。原処分庁の主張は、元代表取締役がその辞任後においても引き続き請求人の経営に従事しており、請求人のみなし役員に該当するのであって、請求人を現実に離脱し、あるいは実質的に退職したとは認められないというものであった。

2 基礎事実

本件について、国税不服審判所が調査及び審理した結果、認定された事実は以下のとおりである。

① 請求人は、昭和36年10月○日に設立された不動産の賃貸等を営む株式会社であり、同族会社。

② 平成25年３月期における請求人の株主はＨ（本件元代表者Ｌの

長男）とＪの両名であった。

③　Ｌは、平成24年11月30日、請求人の代表取締役及び取締役をいずれも辞任し、同年12月、その旨の登記がされた。

④　請求人は、平成24年11月30日、Ｌに対して退職慰労金を支給する旨の臨時株主総会決議に基づき、７億2,500万円を役員退職慰労金勘定に計上し、同年12月18日から平成25年９月９日までの間に、本件代表者に対し、本件金員から源泉所得税額を差し引いた金額を支払った。

⑤　Ｌは、平成24年12月１日以降少なくとも平成29年３月31日までの期間において、請求人の登記上役員としての地位を有しておらず、使用人でもなかった。また、この期間中に元代表者に対して、役員給与及び従業員給与を支給した事実もなかった。

⑥　平成24年６月30日、Ｌの妻であるＦは、請求人の代表取締役に就任し、その後、Ｌの娘であるＭは、平成28年４月５日に請求人の代表取締役に就任し、以後、両名が請求人の代表取締役を務めている。

⑦　Ｌは、平成24年６月20日に、シンガポール共和国へ住所を移転。その後妻であるＦも平成27年９月１日に同国へ住所を移転している。

●図表－17　時系列

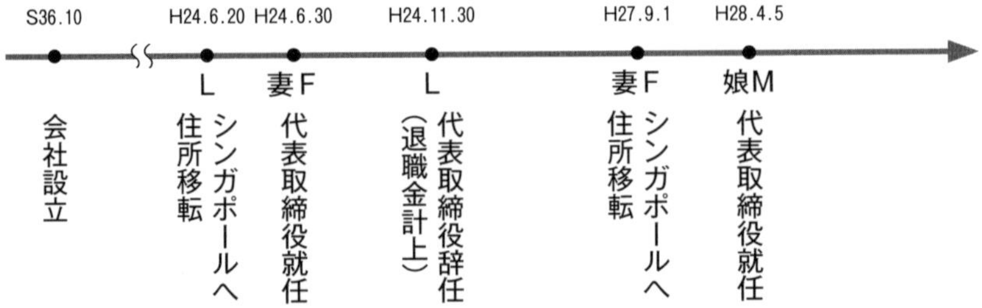

3　原処分庁の主張

原処分庁は次の(1)から(4)に掲げる事実を根拠に、本件元代表者は、本件辞任後においても、従来どおり請求人の経営に従事しており、請求人のみなし役員に該当するのであって、請求人を現実に離脱し、あるいは実質的に退職したとは認められないと主張した。

(1)　本件経営会議への出席及び指示命令

請求人は、本件法人グループの一員として、本件経営会議の参加者であったところ、本件元代表者は、本件辞任後も継続して、毎月開催される本件経営会議につき、その開催日時を自ら決定や調整の指示をした上、直接又はスカイプを使用して出席し、本件法人グループの各代表取締役らに対し、売上げや利益、営業活動等経営に係る報告を求め、当該報告に対し、今後の指示をしていた。

(2)　本件経営会議以外での指示命令

本件元代表者は、本件辞任後も継続して、本件経営会議以外においても、本件法人グループの各代表取締役や社員に対し、スカイプ、メール、○○○○という名称のソーシャルネットワーキングサービス（以下、単に「○○○○」という）及び電話などにより、随時、各種業務に関する指示命令及び決裁を行っており、その中でも、Ｖに対しては、本件法人グループに属する各法人間の資金移動に係る指示などもしていた。

⑶　金融機関等との交渉

本件元代表者は、本件辞任後も継続して、新規融資の申入れ、融資の利率変更及び返済等に係る相談などの資金調達や、収益物件の取得及び太陽光発電事業への参入等の新規事業に関して、各金融機関との間で、直接的又は間接的に交渉し、自ら最終的な判断をしていた。

⑷　新規事業の決定等

本件元代表者は、本件辞任後においても、従業員に対して太陽光発電事業に係る指示をしたり、税理士に当該事業に係る資金相談をしたりしており、太陽光発電設備の販売業者が、本件元代表者の上記の関与状況から、同者を本件法人グループの人間と認識していたことからすると、本件元代表者は、本件法人グループの新規事業に係る決定等をしていたといえる。

4　請求人の主張

請求人は、上記の原処分庁の主張とは相反する事実を述べて真っ向から反論している。その内容は次のとおりである。

⑴　本件経営会議への出席及び指示命令について

本件経営会議は、U社及びU社が株式の全部又は一部を保有する各法人（以下、併せて「U社グループ」という）により開催されていたところ、請求人は、U社から一切の出資を受けておらず、本件元代表者の父が事業を行っていたものであり、U社グループの各社とは異なる設立経緯であるため、U社グループには属していない。したがって、請求人は、本件経営会議に参加しておらず、本件経営会議において請求人の経営内容が議題に上がることはないから、本件元代表者が本件経営会議において請求人に関する発言をした事実はない。

他方、原処分庁は、本件元代表者が、いつの本件経営会議において、請求人に関する指示や発言等を行ったのかなど、具体的事実を指摘していない。

⑵　本件経営会議以外での指示命令について

本件元代表者が、Vから本件法人グループの財務状況等に係る報告を受けていたとしても、それをもって、実質的に請求人の経営に従事していたということはできない。

しかも、Vは、本件法人グループに対して業務上横領等の不正を行っていたところ、本件元代表者が当該不正に気づかなかったことからすれば、上記の報告は形式的なものにすぎず、むしろ、本件元代表者は請求人の経営に従事していなかったといえる。

⑶　金融機関等との交渉について

請求人が本件辞任後に受けた新規融資は平成28年6月であって、それまでの間は、新規融資を受けていない。

そして、本件元代表者は、上記の新規融資にも関与していないし、原処分庁は、本件元代表者がどのように資金調達等に関与したのかにつき具体的に指摘しておらず、金融機関との交渉は、財務部長等の使用人でも行うことができる業務であるから、仮に本件元代表者が何らかの関与をしていたとしても、そのことをもって、本件元代表者が、本件辞任から平成25年３月期の終了の日までにおいて、請求人の経営に従事していたということはできない。

⑷　新規事業の決定等について

請求人が平成27年３月31日に購入した太陽光発電設備について、本件元代表者は当該購入に関与していないし、そもそも、当該購入は、本件辞任から３年後であるから、仮に本件元代表者が上記設備の取得に何らかの関与をしていたとしても、それをもって、本件元代表者が、本件辞任から平成25年３月期の終了の日までにおいて、請求人の経営に従事していたということはできない。

ココに注目！

原処分庁の主張には具体性、客観性が欠けている。元代表者がその退任後も継続して請求人の経営に従事していたと主張するものの、事実の掘り下げと証拠の提出が不十分である。

5　国税不服審判所の判断

以上のように、原処分庁と請求人の主張は平行線をたどり、お互いの主張は出尽くした。最終的に国税不服審判所が下した結論とそこに至るまでの経緯は、以下のとおりである。

⑴　検　　討

①　本件経営会議への出席及び指示命令について

本件元代表者が、本件辞任後に、本件経営会議において、請求人の経営方針・予算・人事等の事業運営上の重要事項につき、具体的な指示や経営に関する決定をしたこと及びその内容や方法を示す客観的証拠はなく、本件申述においても、いつどのような内容の指示や決定を行ったかという具体的な状況については明らかとはいえない。したがって、本件申述をもって、本件辞任後の本件経営会議における、本件元代表者による請求人の事業運営上の重要事項に係る具体的な指示等の存在を認めることはできず、他にこれを認めるに足りる的確な証拠はない。

なお、本件元代表者の長男であるHが、平成25年当時、請求人の発行済株式総数の８割を超える株式を保有するとともに、本件法人グループの持株会社といえるU社の全株式を保有し、また、本件元代表者が本件法人グループの従業員等から「オーナー」と呼ばれ、さらに、下記②のとおり、本件元代表者が本件法人グループ間の資金移動などのさまざまな指示ともとれるような連絡をしていたことなどからすると、本件元代表者が請求人を含む本件法人グループ全体のいわゆる実質的なオーナーといえる立場にあったことがうかがわれ、かかる事実を考慮すれば、仮に原処分庁が指摘するように、請求人が本件法人グループの一員として本件経営会議の参加者とされ、本件元代表者が、本件経営会議において、本件法人グループの各代表取締役らより上位の立場で振る舞っていたという事実があったとしても、そのことをもって、本件元代表者が、本件辞任後も継続して、請求人の経営に従事していたとまで直ちに認めることはできない。

② 本件経営会議以外での指示命令について

資料によれば、本件元代表者からVに対する本件法人グループ間の資金移動に係るものなどさまざまな指示ともとれるようなやりとりがみられ、一定期間に、上記①のとおり、本件元代表者が、本件法人グループ全体のいわゆる実質的なオーナーとして振る舞っていたことはうかがわれるものの、本件法人グループのいずれの法人の業務に係るやりとりなのか不明なものが多くみられ、上記の指示等が請求人の事業運営上の重要事項に係る指示かは不明であるところ、本件辞任の翌日（平成24年12月１日）から平成26年９月29日までの期間において、本件元代表者が請求人の業務に関して具体的な指示等をしたこと及びその内容や方法を示す客観的な証拠はない。

③　金融機関に対する本件元代表者の対応について

請求人提出資料及び当審判所の調査の結果によれば、請求人は、本件辞任の日から平成28年３月31日までの期間において、金融機関から新規融資を受けていないと認められ、実際に新規融資に向けた具体的な交渉が行われたことを認めるに足りる証拠もない。

また、確かに、Ｖは、本件申述において、本件法人グループの金融機関との交渉や融資決定等は全て本件元代表者が行っていたと申述し、また、金融機関の担当者の中には、本件法人グループの融資等に係る実質的な決定をしていたのは本件元代表者であった旨申述する者もいるほか、提出資料の中には、請求人と金融機関との取引に関する本件元代表者とのやりとりもみられるが、いずれも請求人に係る融資やその交渉等についての具体的な状況を示すものではないか、本件辞任後間もない時期のものではない。

かえって、請求人のＸ銀行からの融資につき、本件辞任の約３か月後である平成25年３月７日に、その連帯保証人が本件元代表者から当時の代表取締役であるＦに変更されたことが認められるところ、この事実は、本件辞任に対応した措置が金融機関との間で具体的に執られたことを示すものである上、Ｆが請求人の代表者としての自覚と責任のもとに自ら決定したことを推認させるものといえる。

そうすると、上記申述や提出された資料をもって、本件元代表者が、請求人につき、本件辞任後も継続して、金融機関との間で具体的な交渉を行い、自ら最終的な判断をしていたと認めることはできず、他にこれを認めるに足りる的確な証拠はない。

④　新規事業の決定等について

原処分関係資料及び当審判所の調査の結果によれば、請求人は、平成27年３月頃にＹ社から太陽光発電設備を購入していると認められるところ、この購入は、本件辞任から約２年４か月後のことであり、そもそも、本件辞任後間もない時期に、請求人が太陽光発電事業を新規に開始することを決定したとは認められず、その他、本件元代表者が、本件辞任後に、請求人の事業運営上重要な新規事業を決定したことを認めるに足りる的確な証拠はない。したがって、この点に関する原処分庁の主張も採用することはできない。

⑤　小　　括

以上に加え、本件元代表者は、本件辞任の日以降少なくとも平成29年３月31日までの間、請求人から役員給与や従業員給与を受領していないと認められること、他方で、本件辞任後に請求人の代表取締役の地位にあったＦが、本件辞任直後から、その代表取締役としての職務を全く行っていなかったことを認めるに足りる証拠もないこと、また、本件元代表者が本件辞任の約５か月前に海外に住所を移転しており、本件辞任に至った経緯が不自然であるともいえないことからすれば、本件元代表者が、本件辞任後も継続して、請求人の事業運営上の重要事項に参画するみなし役員に該当し、請求人を実質的に退職していなかったと認めることはできない。

(2) 結　　論

以上のほか、本件金員が退職給与として損金の額に算入されないと判断すべきその他の事情もないことから、本件金員は、退職給与として、請求人の平成25年３月期の損金の額に算入される。

6 実務での対応

本事案は、取締役を退任した後も使用人等として会社の業務に従事するといったことのない完全退職のケースであり、職制上の地位が変動する分掌変更とは相違する。分掌変更時に支給する退職給与で重要視されるのは、「実質的に退職したと同様の事情」の有無であり、もっと言えば、分掌変更後の経営従事の実態である。

この点、平成29年７月14日裁決では、次に掲げる事実の積み重ねにより、分掌変更退職給与について退職給与ではなく損金不算入の役員給与に該当すると判断している。

① トラブル解決のために事業所周辺の住民等に多額の金員を支払うことを代表取締役等に相談することなく実行。

② 請求人の取引先の幹部に対する接待を担当。

③ 代表取締役とともに金融機関との交渉に同席し、自らの意見を述べることもあった。

④ 取締役会に参加し、代表取締役の選定、役員給与の変更について関与したり、経営会議で事業用資産の購入を決定したりしていた。

⑤ 請求人における経費に係る多数の領収書を自らチェック。

今回の事案でも、原処分庁は、次のような事実認定をし、役員退任後もみなし役員の地位を有しているとして、退職の事実を否定しようとした。

① 経営会議への出席及び指示命令

② 経営会議以外での指示命令

③ 金融機関等との交渉

④ 新規事業の決定等

しかしながら、客観的かつ具体的な証拠が存在しなかったことや、認定事実の発生時期が退職時から複数年経過後であることなど、退職の事実を否定するに足るものではなかった。完全退職といえども、分掌変更退職金と同様に退任後においても経営に従事している事実が認められた場合には、みなし役員として認定されるリスクが存在する。本事案では、元代表者が役員辞任後に役員給与や従業員給与を受領していないことや役員辞任後に請求人の代表取締役の地位にあった妻Ｆが、本件辞任直後から、その代表取締役としての職務を全く行っていなかったことを認めるに足りる証拠もないこと、その他、辞任直前にシンガポールに住所を移しているなどの事情から総合的に判断すると、退任後も引き続き経営に従事していたとはいえない旨の結論に至った。分掌変更退職金であろうと完全退職金であろうと、退職金支給後の経営実態には気を配る必要があるし、顧問税理士であれば顧客と事前に綿密な打合せをしておく必要があるだろう。

また、本事案では、企業グループを構成する複数の会社のうちの１社を退職したオーナーについて退職事実の有無が検討されている。仮に企業グループ全体に対する発言権は依然残したままであったとしても、退職した企業に対する経営権の有無のみが事実認定の対象となっている点は実務の参考になろう。

⑦ 平成31年1月24日裁決～未収退職給与は相続税の対象になるか

Q21

被相続人の死亡退職給与は相続財産になりますが、合意解除によって実際に支給を受けていない場合はみなし相続財産には該当しないと考えてよいでしょうか？

A　相続税法3条に規定するみなし相続財産となる退職手当金は、被相続人の死亡後3年以内に支給が確定したものをいい、実際に支給を受けていなくてもみなし相続財産に該当する。

平成31年1月24日裁決では、相続税の課税財産として申告した死亡退職給与の支給に係る契約の一部をやむを得ない事情により合意解除したため、その一部が遡及的に消滅したとして相続人は更正の請求をした。これに対し原処分庁は更正をすべき理由がない旨の処分を行ったことから、相続人はその全部の取消しを求めた。審判所は相続税の課税財産になるとして請求人の主張を認めなかった。

1　事件の概要

取締役会長であった被相続人の死亡後、平成25年1月24日開催の臨時株主総会において死亡退職給与を贈呈することを決めたが、具体的金額や贈呈の時期、方法については取締役会の決議に一任することを議決した。その後、5月29日の取締役会において、会社が定める役員退職慰労金規程に従い死亡退職給与の具体的金額等を決議した。また、会社の資金事情を考慮し平成25年5月から平成27年度までの間において分割支給することを議決した。

そして、平成25年8月26日に、死亡退職給与の分割支給分として一部金額を相続人に支払ったが、平成28年11月14日開催の取締役会において平成28年9月末現在の貸借対照表に記載された役員退職慰労引当金及び同月末現在の退職慰労金の未払金について、会社の「財務状態の改善を目的として取り崩す」ことを議決した。

会社は、平成29年4月28日付で相続人と「確認書」と題する各書面をそれぞれ作成した。確認書には未払退職慰労金の支給について、平成28年11月14日に、会社と相続人らの合意に基づきやむを得ず解除を行ったこと等を相互に確認する旨が記載されている。

相続人は、この相続に係る相続税の申告書については退職慰労金全額を課税財産として法定申告期限までに税務署に提出していた。平成29年7月7日に今回の合意解除により本件未払退職慰労金相当額の本件退職慰労金に係る債権・債務が遡及的に消滅したとして、相続人は更正の請求をした。原処分庁はこれに対し、平成29年11月7日付で更正をすべき理由がない旨の通知をした。

合意解除を理由として、国税通則法23条1項の規定に基づく更正の請求が認められるか否かが争点となる。

2 平成31年1月24日裁決

この事例では、合意解除が国税通則法施行令6条1項2号に規定する解除か否かが争点となったが、更正の請求は認められなかった。

国税通則法施行令6条《更正の請求》1項2号は、国税通則法23条《更正の請求》2項3号に規定する政令で定めるやむを得ない理由は、その申告に係る課税標準等又は税額等の計算の基礎となった事実に係る契約が、解除権の行使によって解除され、若しくは当該契約の成立後生じたやむを得ない事情によって解除され、又は取り消されたこととする旨を規定している。つまり、契約が法定申告期限後に合意解除された場合には、法定の解除事由がある場合や事情の変更により契約の効力を維持するのが不当な場合、その他これに類する客観的理由に基づいてされた場合にのみ更正の請求が認められ、任意の合意解除はこれらの理由には該当しない。

被相続人が取締役会長であった会社と相続人らが合意に基づきやむを得ず解除を行ったこと等を相互に確認する旨が確認書に記載されていることから、合意解除は、法定解除権又は本件退職慰労金に係る契約に基づく解除権（約定解除権）が行使されたものとは認められない。また、会社が連続して経常損失を計上するような状況において、抜本的再建計画を策定するまでの期間、借入金の返済を猶予することを取引金融機関と合意した事実が認められ、合意解除が抜本的再建計画の一環として行われたとみることもできるが、会社債務の切捨てが全取引金融機関からの借入金についても行われたわけではなく、債務を消滅させる取引が本件合意解除に限られていた。このことから合意解除は任意に行われたものと認めるのが相当であり、本件合意解除に客観的な事情があるとまではいえないと審判所は判断した。

相続人は、会社の事業継続自体が困難となり、社員すべてを解雇せざるを得ないことにもなりかねないという状況下で退職給与の支給が合意解除されたのだから、「やむを得ない事情（通則令６①二）」に該当し、更正の請求が認められるべきと主張したが、合意解除は、全取引金融機関からの借入金の返済猶予が行われるなか単独で行われていた。債権者集会等による債権の切捨て等が行われることにより、やむを得ず債権の放棄を行ったというような客観的事情があったとも認めらないものだった。

相続人は、相続人が実際に支給を受けた役員退職給与は一部であり、支給を受けていない部分の額は、みなし相続財産に該当しない旨を主張した。しかし、相続税の課税対象になる死亡退職給与は被相続人の死亡後３年以内に支給が確定したものが該当する。被相続人に支給されるべきであった死亡退職給与は被相続人の死亡後３年以内に臨時株主総会で確定しており、３年以内に実際に支給されたかどうかは問わない。相続人は、死亡退職給与を被相続人から相続により取得したものとみなされるとの審判所の判断は妥当であろう。

3　実務の視点からの検討

会長の死亡に伴い死亡退職給与を決議し、分割払を予定していたものの、結局資金繰りの都合がつかなくなり、一部支払が滞ってしまった。そうなると相続税の対象となった死亡退職金の相続税が不利益な負担となり、それが納得できず更正の請求をしたが認められなかったわけである。

死亡退職給与についての相続税の取扱いを確認しておくと、死亡退職給与や死亡保険金は、被相続人から相続又は遺贈により取得したものではないが、相続又は遺贈により取得した財産と同様の経済的効果があることから、相続税法では相続税の課税対象としており、一般に「みなし相続財産」と呼ばれる。

被相続人の死亡による退職給与は、被相続人の死亡後３年以内に支給が確定したものは、相続財産とみなされて相続税の課税対象になる（相法３①二）。死亡役員給与であれば通常は株主総会等で決議した日が確定の日となる。

相続税法基本通達３－30《「被相続人の死亡後３年以内に支給が確定したもの」の意義》においては、相続税法３条１項２号に規定する「被相続人の死亡後３年以内に支給が確定したもの」とは、被相続人に支給されるべきであった退職手当金等の額が被相続人の死亡後３年以内に確定したものをいい、実際に支給される時期が被相続人の死亡後３年以内であるかどうかを問わないものとする旨を定めている。

この場合、非課税枠があり（相法12①六）、相続人が取得した退職給与の合計額のうち、法定相続人１人につき500万円が非課税限度額となる。例えば、法定相続人が３人いると1,500万円となる。各々が取得した退職給与で按分計算して相続人ごとに非課税枠1,500万円を割振計算する。相続人以外の者が取得した退職給与には非課税枠の適用はない。

民法上は未払退職給与の支給について合意解除は自由にできるが、更正の請求において解除の遡及効を認めるのは、取消し・法定解除・約定解除権の行使の場合か、それが「やむを得ない理由」がある場合のいずれかに限られる。この点で、契約が申告期限後に合意解除された場合には「やむを得ない事情には該当しない」とされている。本事例では「合意に基づきやむを得ず解除を行ったこと等を相互に確認する旨」の記載があるため、約定解除権の行使にも当たらない。

また、この事例では、会社の借入れにつき、いわゆるリスケが行われているが、金融機関からの借入れについて債務免除等はなかったようである。あくまでもこの退職給与の債務だけが合意解除の対象になっている。その点でもこの合意解除は、あくまで任意に行われたものであり、やむを得ない理由には該当しないことになる。

本件は、支給を決議した段階では業績が良く法人税の節約も意識したのだろうか。しかしその後、業績が悪化して資金繰りの都合がつかなくなり支給できなくなったのかもしれない。実務家としては支給できない可能性がある場合は、相続税負担のことまで考えた上で慎重に検討すべきである。仮に生前の退職の場合も同様である。役員退職給与を未払のまま放置すると、いずれ個人側で未収金が相続財産になってしまう。

納税者に説明をしていなければ、クレームを受ける可能性もある。回収できない未収金に相続税課税されるのだから相続人としても納得しがたい。法人税の節税になるからと安易にアドバイスすることは控えるべきであろう。

⑧ 平成28年6月27日裁決～3倍未満の低い功績倍率が採用された事例

Q22

平均功績倍率を1.06倍とした裁決があると聞きました。功績倍率は3倍まで認められると理解していましたが、この裁決による影響はどの程度あるのでしょうか。

A　本裁決（平成28年6月27日裁決）は、平均功績倍率8倍という異常な高倍率を用いて役員退職給与が支給された事案であったが、それでも当初の更正処分においては、役員退職給与の否認が生じていなかった。その後、納税者が行った異議申立て（現在における再調査の請求）により生じた再調査の結果、平均功績倍率を1.06倍とする役員退職給与の否認が生じている。

つまり、税務調査の現場においては、平均功績倍率3倍基準が許容されなかった事案ではないと位置づけてよいと思われる。

1　事件の概要

本件は、農業生産法人である審査請求人（以下「請求人」という）が、肉用牛の売却による利益の額について租税特別措置法67条の３に規定する課税の特例を適用し、また、平成25年12月期の法人税について、退職した代表取締役に支給した退職給与を損金の額に算入して、法人税及び復興特別法人税の申告をした。しかし、原処分庁が、肉用牛の売却を本件特例が適用される取引に仮装していたとして、法人税の青色申告の承認の取消処分並びに法人税等の各更正処分等を行った。その後の請求人が起こした異議申立てに伴う再調査が行われた結果、損金の額に算入した役員退職給与の額には不相当に高額な部分の金額があるとして法人税等の再更正処分等が行われ、請求人が各処分等の全部の取消しを求めた事案である。

原処分以降の流れは、図表－18のとおりである。

●図表－18　時系列

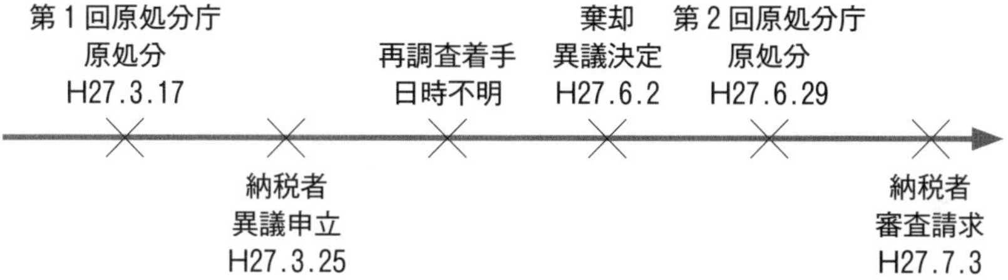

まず、第１回原処分庁原処分が平成27年３月17日に行われた。その後、納税者が上記原処分に異議を申し立てた結果、別の担当者による再調査が行われた。その結果を受けた第２回原処分庁原処分があり、審査請求という流れであった。ここで注目しておきたいのは、役員退職給与の否認が行われたのは、第１回ではなく、第２回の原処分庁原処分であったことである。

その内容は、以下のとおりである。

① 「本件法人税再賦課決定処分」：本件役員退職給与について、法人税法施行令第70条《過大な役員給与の額》第２号に規定する本件元代表者に対する退職給与として相当であると認める金額（以下「本件役員退職給与相当額」という。）を57,222,000円であると算定（以下、算定した額を「原処分庁算定額」という。）し、本件役員退職給与（299,200,000円）のうち、原処分庁算定額を超える金額（241,978,000円）については、法人税法第34条《役員給与の損金不算入》第２項に規定する不相当に高額な部分の金額に当たり損金の額に算入されないとして、別表３－１及び別表３－２の「再更正処分等」欄記載のとおり、平成25年12月期の法人税の再更正処分（以下「本件法人税再更正処分」という。）及び過少申告加算税の賦課決定処分

この時点で初めて、役員退職給与の否認が登場している。

2 役員退職給与額

本件では、請求人は、異例ともいえる功績倍率８倍で役員退職給与額を計算しており、その理由を以下のように主張している。

(イ) 本件元代表者は、請求人の設立以降、終始一貫して実質的な支配権を有し、事業規模の拡大など会社運営の重要な企画に当たるほか、自らも財務金融面のみならず取引先との折衝に当たり、請求人を[redacted]の酪農及び肉牛事業者へと成長させた。

請求人は、このような本件元代表者の創業者としての貢献度を評価し、かつ、本件元代表者の役員報酬が平成17年から据え置きで低く抑えられていたこと、内部留保の10％以内であれば妥当な範囲であること等を踏まえて、功績倍率を８倍として本件役員退職給与を算定したものである。

この功績倍率では否認されることに議論の余地はないが、この事例で重要なのは、原処分において平均功績倍率1.53倍で否認されている理由である（裁決では、審判所が功績倍率1.06倍で算定）。

なお、請求人が主張する貢献度については、特別に考慮すべき極めて特殊な事情があるとまではいえない、報酬については、低く抑えられていたと認めるに足りる証拠資料もない、としていずれも一蹴されている。

> 原則として、同業類似法人の役員に対する退職給与の支給の状況として把握されるべきものであり、同業類似法人の抽出が合理的に行われる限り、役員退職給与の適正額を算定するに当たり、これを別途考慮して功労加算する必要はないというべきであって、同業類似法人の抽出が合理的に行われてもなお同業類似法人の役員に対する退職給与の支給の状況として把握されたとはいい難いほどの極めて特殊な事情があると認められる場合に限り、これを別途考慮すれば足りるというべきである。
>
> 請求人代表者の陳述書及び当審判所の調査の結果によれば、本件元代表者が、創業以来約34年間にわたり、請求人の代表取締役として財務、金融、人事等の管理業務を行い、請求人に対して相当程度の貢献を果たしてきたことは認められるものの、同業類似法人の抽出が合理的に行われてもなお同業類似法人の役員に対する退職給与の支給の状況として把握されたとはいい難いほどの極めて特殊な事情があると認めるに足りる証拠資料はない。
>
> また、本件元代表者の報酬が低く抑えられていたと認めるに足りる証拠資料もない。

3 なぜ、原処分において平均功績倍率1.53倍となったのか

まず、第１回原処分庁原処分では、肉用牛免税特例を利用するた

めの農業委託取引が仮装取引とされたことによるものである。つまり、この時点では，役員退職給与の否認は起こっていない。

この処分に納得がいかず、請求人は、異議申立て（現在の再調査の請求）を行った。そうなれば、自動的に同じ税務署の中で別の担当者による再調査が行われるが、局査察と連携して行った可能性も考えられる。その結果の第２回原処分庁原処分において、役員退職給与の不相当高額否認が生じてしまった。

このように、当初の現場調査時点では、ある程度の指摘はあったようであるが、結果的に役員退職給与の否認が生じていない。もちろん、仮装取引の規模が大きかったため、役員退職給与までうるさくいわなかったという可能性もあるが、調査現場で功績倍率３倍未満の否認がされたわけではない、と認識してよいと考える。

当然、請求人は後出しじゃんけん的な否認の主張を批判しているが、以下のように一蹴されている。

(9)　争点４（本件再調査の手続に、本件各再更正処分等の取消事由となる違法があるか否か。）について

原処分関係資料及び当審判所の調査の結果によれば、本件当初調査は、平成26年12月９日に、[redacted]が請求人に対してその調査結果の内容を説明して終了したこと、その後、[redacted]は、役員退職給与の同業類似法人の選定の基準を定め、同基準に基づき抽出し把握した本件同業類似法人に関する情報に基づき、本件同業類似法人の平均功績倍率を算定したこと、[redacted]は、算定した平均功績倍率に照らせば、本件当初調査で把握した本件役員退職給与には損金の額に算入されない金額があると認めて、[redacted]と合同で本件再調査を行ったことが認められる。

以上の事実経過に照らせば、[redacted]は、本件当初調査が終了した後に本件同業類似法人の平均功績倍率を把握し、それに照らして、

請求人に非違があると認めたことになるから、通則法第74条の11第６項に規定する「新たに得られた情報に照らし非違があると認めるとき」に該当するものというべきである。

したがって、本件再調査の手続には、本件各再更正処分等の取消事由となる違法はない。

なお、請求人は、本件当初調査において、本件役員退職給与が過大な退職給与の可能性がある旨の指摘をするなどしており、本件当初調査の際にも問題とされていた事項であったところ、通則法第74条の11第６項に規定する再調査の要件である新たに得られた情報がないにもかかわらず、本件再調査を行ったものである旨主張するが、本件当初調査の際にも問題とされていた事項であっても、それによって再調査の可否が左右されるものではない。

したがって、請求人の主張には理由がない。

4 実務での対応

本件は、再調査の請求（旧異議申立請求）は安易に行うべきものではない、という視点が納税者に欠けていたように思われる。当初調査で最終的に問題とされなかったから、再調査では論点に上がらないという思い込みが納税者にあったのではないだろうか。納税者側が再調査の請求を行う場合、このような点への配慮も必要になる。

また、功績倍率３倍基準が使えるのはあくまでも現場のみであり、再調査の請求以後は実態に応じた基準の適用となってしまうことを念頭に置くべきだったといえる。

資　料

重要裁決・判決文〈比嘉酒造（残波）事件〉

退職時利用書式集

重要裁決・判決文〈比嘉酒造（残波）事件〉
裁決・判決例（抄）

（筆者注）

① 原資料マスキング部分は、筆者による推定で一部を補充する。

② 筆者コメントを点線囲みで入れている。主観的なコメントとなる点をお断りしておく。

③ 分量が多いため、収録の都合上、相当部分の（略）がある点、ご承知いただきたい。

■平成24年12月18日裁決（比嘉酒造役員給与高額否認事件）

裁　決　書

沖裁（法）平24第５号

平成24年12月18日

国税不服審判所長　生野考司

審査請求人

所　在　地　[redacted]

名　　　称　[redacted]

代　表　者　[redacted]

原処分庁　　　[redacted]

原　処　分　　平成23年６月29日付でされた平成18年３月１日から平成19年２月28日まで、平成19年３月１日から平成20年２月29日まで、平成20年３月１日から平成21年２月28日まで及び平成21年３月１日から平成22年２月28日までの各事業年度の法人税の各更正処分及び過少申告加算税の各賦課決定処分（[redacted]、[redacted]、[redacted]）

上記審査請求について、次のとおり裁決する。

主　　文

審査請求をいずれも棄却する。

理　　由

1 事　　実

(1) 事案の概要

本件は、[redacted]製造業を営む審査請求人（以下「請求人」という。）が損金の額に算入した前代表取締役に退職給与として支給した金額及び各役員の給与について、原処分庁が不相当に高額な部分の金額があるなどとして、法人税の更正処分等を行ったのに対し、請求人が退職給与とした額及び当該各役員の給与に不相当に高額な部分の金額はないとして、同処分等の全部の取消しを求めた事案である。

(2) 審査請求に至る経緯

イ (略)

ロ (略)

ハ (略)

ニ (略)

(3) 関係法令等の要旨

別紙１のとおり。

(4) 基礎事実

以下の事実については、請求人及び原処分庁の双方に争いがなく、当審判所の調査の結果によってもその事実が認められる。

イ　請求人は、[redacted]の製造及び販売等を事業目的として、[redacted]に設立された法人であり、本件各事業年度において法人税法第２条第10号に規定する同族会社に該当し、平成20年２月期、平成21年２月期及び平成22年２月期においては、法人税法第35条（平成22年法律第６号による改正前のもの）《特殊支配同族会社の役員給与の損金不算入》に規定する特殊支配同族会社に該当した。

ロ　請求人の商業登記簿によれば、Ａ（以下「本件役員」という。）は、請求人の設立以来、請求人の取締役として登記されており、平成6年10月25日には代表取締役への就任が、平成21年６月30日には代表取締役を辞任した旨の登記がそれぞれされている。また、Ｂ（以下「Ｂ」という。）、Ｃ（以下「Ｃ」という。）、Ｄ（以下「Ｄ」という。）は、いずれも平成15年１月20日に請求人の取締役就任の登記がされており、Ｂは平成21年６月29日に代表取締役就任の登記がされている（以下、本件役員、Ｂ、Ｃ及びＤの４名を併せて「本件各同族役員」という。）。このほか、Ｅ（以下「Ｅ」という。）が請求人の設立以来、請求人の取締役として登記され、Ｆ（以下「Ｆ」という。）も平成23年４月19日まで監査役として、同日以後は取締役として登記されている。

Ａが旧代表者（文中「本件役員」）、Ｂが新代表者であるＡの長男。Ｃは Ａの妻、ＤはＡの次男であり、不相当高額否認の検討対象役員計４名（文中「本件各同族役員」）。Ｅは非常勤取締役であり、Ｆは監査役である。Ｅは、地裁判決文資料のマスキング漏れから名前が判明しており、その名字からも同族役員であることがわかるが、不相当高額否認の対象にはなっていない。非常勤役員でもあり、金額が少額であったのかもしれない。

ハ　請求人は、平成18年４月12日開催の社員総会、平成19年４月26日及び平成20年４月28日開催の定時株主総会並びに平成21年６月29日開催の臨時株主総会の各決議に基づき、本件各事業年度において、別表２のとおり、本件各同族役員に対する役員給与（以下「本件役員給与」

という。）を計上したほか、Ｅに対し非常勤の役員として[redacted]（月額[redacted]）の役員給与を計上し、いずれも本件各事業年度の損金の額に算入した。

なお、請求人の定款に取締役の給与に関する規定はないが、本件役員給与及び[redacted]に支給された役員給与の合計額は、上記各株主総会等において決議した各金額の限度内であった。

また、請求人が平成20年２月期及び平成21年２月期に本件各同族役員に賞与として支給した給与は、いずれも、法人税法第34条第１項第２号に該当する。

ニ　請求人は、平成21年６月29日開催の臨時株主総会において、①本件役員に対して代表取締役を退任したこと（以下、本件役員が代表取締役から取締役となったことを「本件分掌変更」という。）に伴う退職慰労金として[redacted]（本件役員の代表取締役としての最終報酬月額[redacted]に代表取締役としての在職期間15年及び功績倍率3.0を乗じて算定された金額であり、以下「本件金員」という。）を支給する旨及び②本件役員の月額給与の額を平成21年７月から月額[redacted]とする旨などを決議し、平成21年９月11日に本件役員に本件金員を支給し、平成22年２月期に「役員退職金」の科目で損金の額に算入した。

なお、請求人に役員の退職給与に関する規定はない。

ホ　原処分庁は、本件役員給与及び本件金員について、不相当に高額な部分の金額があるとして、別表３の「原処分庁主張額」欄中の「過大役員給与額」欄の各金額及び本件金員のうち[redacted]（本件役員の代表取締役としての適正とした給与月額[redacted]に代表取締役としての在職期間15年及び功績倍率3.0を乗じて算定された金額[redacted]を超える部分の金額）は損金の額に算入されないなどとする本件各更正処分等をした。

原処分では、不相当高額否認として、相当額の算定に、功績倍率3.0倍が使われている。現場基準としては、ここでも功績倍率３倍が使われている点を確認しておきたい。

⑸　争　　点

イ　本件金員に不相当に高額な部分の金額があるか否か。

ロ　本件役員給与に不相当に高額な部分の金額があるか否か。

2　主　　張

（略）

3　判　　断

⑴　争点イ（本件金員に不相当に高額な部分の金額があるか否か。）について

イ　法令解釈等

(イ)　（略）

(ロ)　ところで、役員が実際に退職していない場合であっても、法人が役員の分掌変更等に際して役員退職給与を支給した場合において、その分掌変更等が、例えば常勤の役員が非常勤の役員になったことなどによりその役員としての地位又は職務の内容が激変し、実質的に退職したと同様の事情にあると認められることによるものである場合には、これを退職給与として取り扱うことができる（法人税基本通達９－２－32。以下「本件通達」という。）。本件通達は、企業において、役員の分掌変更等を実質的に退職したと同様の事情にあるとみて退職給与を支給する慣行があることから、このような企業実態に配慮して、一定の要件の下に退職給与として損金算入するこ

とを認める旨を明らかにしたものであり、当審判所においても相当と認める。

原処分では、分掌変更退職給与に関する論点が登場していなかったにもかかわらず、ここで不服審判所が、独自に論点を追加している点に注意。

(ハ) (略)

(ニ) そして、役員の分掌変更等に際して支給された金員が退職給与として取り扱われなければ、当該金員は法人税法第34条第1項第1号ないし第3号に規定する定期同額給与、いわゆる事前確定届出給与又は利益連動給与のいずれかに該当しない限り損金の額には算入されず、また、当該金員が退職給与として取り扱われる場合であっても、同条第2項に規定する不相当に高額な部分の金額は損金の額に算入されないこととなる。

退職給与扱いされない場合、不相当高額否認の前に、損金算入が許された役員給与類型に該当するかどうかを検討し、そこで門前払いになることを宣言している。

ロ 認定事実

請求人提出資料、原処分関係資料及び当審判所の調査の結果によれば、次の事実が認められる。

(イ) 本件役員は、60歳になったことを機に代表取締役を辞任したが、健康上の理由等により職務を遂行できないなどの特別な事情はなかった。

なお、請求人は役員の定年について特に定めていない。

(ロ)　（略）

(ハ)　本件役員は、本件分掌変更後、請求人の工場に月３、４回出社する程度となったが、本件分掌変更後も製造管理に関し、[redacted]製造の技術的な指導（製造ラインの機械調整、[redacted]設定や[redacted]期間の判断等）を行っている。

(ニ)　当審判所の職員が本件役員と平成24年３月22日に面談した際に受領した名刺には「代表取締役　Ａ」と表記されていた。

恐らく、これが不服審判所を激怒させたのだと推量できる。ふざけるにも程があるというところか。自分が退職したという自覚がない中小企業の先代経営者は多いだけに、税理士からすると寒気がする事例ではある。

(ホ)　本件役員は、請求人のホームページに「取締役会長」として「[redacted]に、そして日本・世界へいい[redacted]を。」との記事を掲載していたが、[redacted]は、平成24年10月24日に当審判所から指摘されるまで、当該記事の掲載時期、掲載理由について承知していなかった。

上記を補強する点として列挙されている。ホームページのメンテナンスは気を遣うべきということだろう。

(ヘ)　請求人の定款によれば、請求人の発行可能株式数（議決権）は2,240株であり、また、株主総会は、議決権の３分の１以上を有する株主が出席し、過半数の議決権で決議することができるとされている。

本件各事業年度末の株主、持株数及び本件役員とその他の役員との関係等は別表４のとおりである。

分掌変更役員退職給与についての判断を行う前提として、株主状況を確認している。本裁決では、オーナー株主の場合は、分掌変更役員退職給与を認めないというスタンスであったために、この点が登場している。しかし、これが問題であったのは、解説部分 Q16 2（138頁）参照。

(ト)　請求人は、Bが代表取締役に就任したことについて、平成21年7月17日に社長就任祝賀会を開催し、取引先等に周知した。

外部に代表者交代を周知しているから大丈夫、ではないということである。

(チ)　請求人の本件各事業年度末の貸借対照表において金融機関等からの借入金はなかったが、請求人が[redacted]から３億円の借入れを行う際には、平成22年６月の同行の行員との面接に本件役員も参加した。

金融機関借入れにおける同席は、経営上の重要な地位を引き続き占めているものと推認させる行為と判断されやすい。

(リ)　（略）

(ヌ)　本件各事業年度において、少なくとも、本件役員、B及びDは[redacted]製造の品質管理等を、Cは経理関係を担当しており、請求人において、臨時の広告、イベント等の場合を除き、稟議書（[redacted]営業所の稟議書を除く。）は作成されず、また、年間事業計画書、生産計画書等も作成されていない。

(ル)　本件役員は、代表取締役であった期間には、会計事務所との打合せにほぼ同席していたが、本件分掌変更後は同席した記録はほとんどない。

　なお、本件役員が代表取締役であった期間においても、会計事務所の書類に確認の署名をしているのは[redacted]であった。

**　署名者が、長男Bであるか妻Cであるかは、文中の記述だけではわからない。**

(ヲ)　本件分掌変更後、請求人の[redacted]営業所で作成された稟議書には、「会長」「社長」「専務」「常務」の順に決裁欄が設けられているが、本件役員の署名がされていないものがある。

「会長」の決裁欄があることは、経営上の重要な地位を退いていない可能性を推認させるものとして記述されている。

ハ　当てはめ

(イ)　本件役員は、本件分掌変更後も請求人の取締役であるから、本件金員に不相当に高額な金額があるか否かの審理に先立ち、本件分掌変更が、実質的に退職したと同様の事情にあると認められるか否かについて検討する。

A　(略)

　そうすると、単に、常時勤務しなくなったということや、給与が半分以下になったということだけで、退職したと同様の事情にあると認められるものでないことは明らかであり、「法人の経営上主要な地位を占めている」か否かは、必ずしも、いわゆる経営判断をする者か否かによってのみ判断されるとするのは相当ではなく、同族関係者のみが役員であるような同族会社においては、当該法人の実情に応じて、当該法人に不可欠な業務を行う者か否かを考慮することも合理性があるといえる。

病気などの事情がない場合に、同族会社において、恣意的な要因のみで調整可能な事項で分掌変更等の事実を判定すべきではないとの指摘。相応の合理性があるが、経営判断をする者でなくても、不可欠業務を行う者であれば、退任と扱わないというのは、若干踏み込みすぎという気もする。地裁で判断が維持されなかった理由の１つかもしれない。

B　これを本件についてみると、請求人は、上記１の(4)のイ及びロ並びに上記ロの(ヘ)のとおり、本件各事業年度において同族会社に該当する上、同族関係者以外の役員はいない。

そして、上記ロの(チ)ないし(ヲ)のとおり、本件各事業年度において、金融機関からの借入金がない、いわゆる無借金経営であり、また、[redacted]の価格交渉や[redacted]の生産計画もほとんど不要で、年間事業計画書あるいは生産計画書も作成されていないことからすれば、請求人における代表取締役として、具体的にどのような業務がいわゆる経営判断と考えられるのか判然としない。

なお、請求人も、平成21年６月30日の前後で「業務の全般的な指揮監督」を行う者は、本件役員から[redacted]になったとするのみで、本件各事業年度においてその具体的業務は明らかではない。

分掌変更退職給与に限らないが、各役員の業務分掌の内容が明確化されていない場合、税務調査において、役員給与や役員退職給与の納税者側ディフェンスは困難になることが少なくない。調査前に確認してておくべき論点であるし、分掌変更の事実確認に際しては、具体的に検討しておくべき事項であるといえる。

他方、上記1の(4)のイのとおり、請求人は、[redacted]の製造及び販売を業とし、主力商品である「[redacted]」の売上げが業績に大きく関わることからすれば、その製造管理（[redacted]製造ラインの機械調整、[redacted]設定管理、[redacted]期間の判断等）は請求人にとって重要な業務であるところ、別表2のとおり、請求人が本件分掌変更後においても本件役員に対し、請求人で常勤しているとする取締役のC及びDの役員給与月額[redacted]を下回るものの月額[redacted]の役員給与を支給していることも、請求人における商品の製造管理に関する技術的な指導が重要な業務であることの証左と認められる。

半額以下に下げればよいというわけではないという不服審判所のイヤミかもしれない。逆に言えば、ここで実態がなければ架空給与扱いするという両睨みの記述。

C　本件役員は、上記1の(4)のニ及び上記ロの(イ)、(ハ)ないし(ホ)並びに(チ)のとおり、分掌変更後において、請求人の工場への出勤状況が月に3、4回程度になるとともに、役員給与の額が3分の1になっていることが確認されるが、[redacted]から3億円の融資を受けるに当たり、平成22年6月に同行職員との面接に参加したり、本件分掌変更後にも関わらず代表取締役と表記された名刺を携行して部外者に交付し、また、請求人のホームページに「取締役会長」として請求人の理念を掲載していた（[redacted]は当該記事の掲載時期、掲載理由について承知していなかった。）など、請求人における地位を保っていた。

「知らなかった」では通らない話である。

さらには、上記ロの(ヘ)のとおり、請求人の定時総会等は、議決権の3分の1以上を有する株主の出席を求め、出席株主の議決権の過半数をもって決議するとしているところ、本件役員は、請求人の発行済み株式総数の2分の1を超える持株があることから、請求人の定時総会等は、本件役員の出席なくしては開催できず、かえって、本件役員のみでも開催し決議も行えることからしても、本件役員は、請求人において、本件分掌変更後もなお一定の影響力のある地位を占めていると認められる。

オーナー株主の場合、分掌変更役員退職給与を認めない、という価値判断があることが読み取れる。東京地裁に出訴した段階で、これが国側主張から消えている点に注意。なお、先述のように、原処分庁は、そもそもこの論点を出していない、不服審判所が独自に定立した論点であり判断。

D　以上を総合的に勘案すると、本件役員は、本件分掌変更後において、給与の額が半分以下になり、また、常時勤務していないとしても、請求人にとって不可欠な業務を行い、影響力ある地位を占めていると認められるから、本件役員は、本件分掌変更により実質的に退職したと同様の事情にあるとは認められない。したがって、本件金員は、退職したことに起因して一時的に支払われる給与、すなわち役員退職給与として取り扱うことはできない。

E　なお、請求人は、①本件役員は、月次会議資料、社長就任祝賀会資料、稟議書、営業会議議事録のとおり、請求人の経営に関与してないことから、請求人の経営の意思決定を左右することはない、②製造ラインに関する技術的な指導を行っており、経営判断の根幹に関わる指導は行ってない、③役員給与を３分の１に減額したことから、本件役員は退職と同様の事情にあり本件金員は役員退職給与に該当する旨主張し、原処分庁も本件役員は退職と同様の事情にある旨主張するが、本件役員が平成21年６月30日付で退職したと同様の事情があるとは認められないことは上記のとおりであるから、請求人及び原処分庁の主張には理由がない。

(ロ)　上記のとおり、本件金員は、役員退職給与に該当しないところ、法人税法第34条第１項第１号から第３号までに規定するいずれの給与にも該当しない役員給与であるから、平成22年２月期の損金の額に算入されない。したがって、本件金員に不相当に高額な部分の金額があるか否かについては判断をするまでもない。

不相当高額否認の前に、決着がついているという構成。

(2)　争点ロ（本件役員給与に不相当に高額な部分の金額があるか否か。）について

（略）

(3)　本件各更正処分の適法性について

（略）

(4)　本件各賦課決定処分の適法性について

（略）

(5)　原処分のその他の部分について

（略）

よって、主文のとおり裁決する。

別表１　審査請求に至る経緯
別表２　本件各同族役員への給与支給額
別表３　本件役員給与に関する原処分庁主張額及び審判所認定額
別表４　請求人の役員と株主の状況
別表５　請求人の収益の状況等
別表６　使用人に対する給与の支給状況
別表７　抽出類似法人数
別表８　審判所認定類似法人の代表取締役に係る役員給与の支給状況（平均額：審判所認定額）
別表９　審判所認定類似法人の取締役に係る役員給与の支給状況（各法人の最高額）
別表10　審判所認定類似法人及び請求人の代表取締役に係る役員給与の比較
別表11　本件各事業年度の所得金額等

別紙１　関係法令等の要旨
（略）

別紙２
（略）

紙数の都合上、別表・別紙は省略している。

■東京地裁平成28年４月22日判決

判　　決

（略）

主　　文

1　[redacted]が平成23年６月29日にした平成21年３月１日から平成22年２月28日までの事業年度の法人税の更正処分のうち、欠損金額１億5045万3186円、翌期へ繰り越す欠損金１億5045万3186円を下回る部分を取り消す。

2　[redacted]が平成23年６月29日にした平成21年３月１日から平成22年２月28日までの事業年度の法人税に係る過少申告加算税賦課決定処分を取り消す。

3　原告のその余の請求をいずれも棄却する。

4　訴訟費用はこれを20分し、その19を原告の負担とし、その余を被告の負担とする。

事　実　及　び　理　由

第１　請　　求

（略）

第２　事案の概要

本件は、原告が、処分行政庁である[redacted]から、平成19年２月期から平成22年２月期までの各事業年度（以下「本件各事業年度」という。）において、役員４名に支給した役員報酬ないし役員給与及び代表取締役を退任した者に対して支給した退職給与について、いずれも不相当に高額な部分の金額があり、当該金額は各事業年度の所得の金額の計算上、損金の額に算入されないとして本件各事業年度の法人税についての更正処分（以下、それぞれ本件各事業年度についてされた更正処分を「平成19年２月期更正処分」、「平成20年２月期更正処分」、「平成21年２月期更正処分」、「平成22年２月期更正処分」といい、これらを総称して「本件各更正処分」という。）を受けるとともに、それぞれ過少申告加算税の賦課決定処分（以下「本件各賦課決定処分」といい、本件各更正処分と併せて「本件各更正処分等」という。）を受けたことについて、上記役員報酬ないし役員給与及び退職給与の支給額はいずれも適正であるとして、本件各更正処分の一部及び本件各賦課決定処分の取消しを求める事案である。

１　関係法令の定め

（略）

２　前提事実（証拠等の掲記のない事実は、当事者間に争いがないか、当事者において争うことを明らかにしない事実又は当裁判所に顕著な事実である。）

（略）

３　本件各更正処分等の根拠及び適法性に関する被告の主張

（略）

⑶　被告は、本件訴訟において、本件役員ら給与について、各比較法人における代表取締役及び取締役の受ける役員報酬ないし役員給与のうち、最高額のものを平均したものと対比して、これを超える部分が不相当に高額な部分の金額であると主張するが、前提事実⑶のとおり、処分行政庁は、本件役員ら給与のうち、各類似法人の代表取締役及び取締役の受ける役員報酬ないし役員給与のうち最高額のものを超える部分が不相当に高額であるとして本件各更正処分等をしていることを

考慮し、以下においては、本件役員ら給与のうち、上記最高額を超える部分が不相当に高額な部分の金額であるか否かとの観点から、本件各更正処分等の適法性について検討する。

原処分では、各類似法人の最高額超過額を否認対象としているが、地裁での国側主張では、不服審判所裁決を受けて、平均額超過額に切り替わった。しかし、裁判所はこの主張差し替えを結果的に認めなかった。

ア　本件役員らの職務の内容

(ア)　原告の業務の内容や規模等、本件役員らの職務の内容は、前記(2)アないしウに認定したとおりである。一般に、酒類の製造及び販売等を業とする法人の役員としては、①製造計画及び製造に係る指揮監督・意思決定等、②営業活動に係る指揮監督・意思決定等、③設備投資の計画・意思決定等、④従業員の採用・給与等の人事業務、⑤財務状況の把握及び分析、⑥法人業務全般の指揮監督、⑦法人を代表しての対外折衝などが考えられるところ、本件役員らの職務の内容も、上記①ないし⑦のような職務の内容に比して格別なものがあるということはできず、一般的に想定される範囲内のものであるというほかはないから、特別に高額な役員報酬ないし役員給与を支給すべきほどの職務の内容であるとまでは評価し難いというべきである。

基本、退職給与以外の役員給与の不相当高額否認の構造は、不服審判所と東京地裁とであまり変わっていないと考えてよい。相当額として、最高額を用いるかどうかだけの違いである。

(イ) これに対し、原告は、本件役員らは、各種製造機械及び製造ラインを自らの力で作ることができる特殊技術を有しており、これにより製作した機械・製造ラインが優良な収益構造をもたらしている、平成18年以降、[redacted]については、立ち上げた研究所や開設した東京営業所の担当となった、[redacted]については、自社で独立した財務データ作成作業をするようになった、[redacted]については、営業エリアが広がり、大手の食品総合卸と取引を開始することとなった、[redacted]については、代表取締役として、これら各役員について増えた担当職務について総理しなければならない職務が増えたなどと主張し、これに沿う記載のある本件役員らの陳述書（甲31～33）や、原告代表者の供述も存在する。

しかしながら、本件役員らの職務の内容についての原告の上記主張を前提としても、本件役員らの職務の内容が、酒類の製造及び販売等を業とする法人の役員として、特別に高額な役員報酬ないし役員給与の支給を受けるべきほどの職務の内容であったとまでは評価し難いし、前記(2)ウ（別表３）で認定した原告の収益の状況からすると、[redacted]、原告の主張する本件役員らの職務内容、特に平成18年以降増加したという職務内容が、原告の売上げや利益の増加に貢献したとは評価し難いというべきである。

要するに、業績は伸びていないので、役員の職務としての貢献の増大は認定し難いの意味である。

イ　原告の収益及び使用人に対する給料ないし給与の支払の状況

(ア)　原告の収益の状況については、前記ア(イ)で述べたとおり、[redacted]　また、原告の使用人に対する給料ないし給与の支給の状況は、前記(2)ウ（別表4）のとおり、[redacted]以上のような収益の状況や使用人に対する給料の支払状況に対し、原告の役員らに対する給与の総額は、前記(2)エ（別表3）のとおり、本件各事業年度のうちの[redacted]という状況で、前提事実(2)のとおり、原告がした確定申告や修正申告において損金の額に算入した本件役員ら給与の額もこれと同様の増減をしている。

従業員に対する給与について、役員同様に昇給させた、などの事情は見て取れず、自分たちだけの給与を上げただけだ、との意味である。

（略）

エ　本件役員ら給与の額に不相当に高額な部分の金額があるか否か及びその額

(ア)　以上のとおり、本件役員らの職務の内容は、酒類の製造及び販売等を目的とする法人の役員として、一般的に想定される範囲内のものであるということができ、特別に高額な役員報酬ないし役員給与を支給すべきほどの職務の内容であるとまでは評価し難いところ(前記ア)、本件各事業年度における原告の売上げや収益が、[redacted]にあり、[redacted]にもかかわらず、[redacted]しており、それに見合う顕著な職務内容の増加も認められない（前記イ）のに対し、本件役員ら給与の額は、類似法人の中で役員報酬ないし役員給与の最高額となっている７番又は29番をも上回るのであり、しかも上記２法人は、原告との比較においても、相当に経営状況がよいと評価することができる（前記ウ）ことからすれば、本件役員ら給与には、不相当に高額な部分の金額があるというべきであり、少なくとも、類似法人の代表取締役及び取締役らの役員報酬ないし役員、給与の最高額を上回る部分は、不相当に高額な部分の金額に該当するというべきである。

先に述べたように、類似法人の最高額を超過する部分を不相当高額として、平均額超過額との国側主張を用いなかった。

(略)

(6)　以上検討のとおり、本件役員ら給与には、不相当に高額な部分の金額があり、前記(3)オで認定した本件役員ら給与の額については、損金の額に算入することができないというべきである。

2　争点(2)（本件退職給与のうち、不相当に高額であるとして損金の額に算入されない部分の有無及びその額）

（略）

上記のとおり、本件においては、代表取締役に対する役員給与の最高額について、比較法人４法人のうち上位２法人と下位２法人との間に大きな乖離がみられ、しかも、その平均額についても各比較法人の代表取締役に対する役員給与の最高額との間に大きな乖離がみられるという状況であるところ、上記のような[redacted]の原告における従前の職務の内容等に照らすと、原告の経営や成長等に対する相応の貢献があったというべきであって、その職務の内容等が代表取締役として相応のものであるとはいえない特段の事情があるとは認められないから、[redacted]の代表取締役としての役員給与のうち、上記の平均額を超える部分が、不相当に高額な部分の金額であるとすることはできない。そして、上記のとおり、比較法人の代表取締役に対する給与について、不相当に高額な部分の金額があるとはいえない本件においては、[redacted]の役員給与が上記の最高額を超えない限りは、不相当に高額な部分の金額があるとはいえないと解すべきである。

この点に関し、被告は、原告の代表取締役に対する適正給与の額は、各比較法人がそれぞれ支払う代表取締役の役員給与のうちの最高額の平均額を超えるものではなく、比較法人として抽出されたものから、適切な理由もなく除外するのは許されないと主張するが、本件で抽出された比較法人の代表取締役の役員給与の分布状況等や、[redacted]の原告における職務の内容に照らして、上記のとおり、最高額を超えない限りは、不相当に高額な部分の金額があるとはいえないと判断をしたものであるから、被告の主張は採用することができない。

抽出された比較法人の給与分布状況などから、相当額として平均額を用いるのは妥当ではなく、最高額を用いるべきだと判断した。この記述からすると、一般論として、最高額が平均額に優越するという趣旨ではない点に注意すべきであろう。本件の特殊性の１つである。

(3)　以上に従い、[redacted]に対する退職給与に不相当に高額な部分の金額があるか否かを検討すると、比較法人の代表取締役に対する給与の最高額である年額[redacted]を12か月で除した給与月額[redacted]に業務への従事期間24年と、功績倍率３倍を乗じた[redacted]を超えない限りは不相当に高額な部分の金額があるとはいえないというべきところ、原告が[redacted]に対して支給した本件退職給与は、前提事実のとおり、[redacted]であるから、不相当に高額な部分の金額があるとはいえないこととなる。

先に役員退職給与以外の役員給与について、不相当高額否認が行われているが、役員退職給与はそれと別個の判断となっている点に注意。比較法人の最高額年俸を12か月で除して、従事期間と功績倍率を乗じた額の範囲内であるので、不相当高額部分はないものとした。役員退職給与以外の役員給与と、不相当高額否認のロジックが異なるのは条文通りという点、解説（Q16）を確認されたい。

３　以上によれば、本件役員ら給与のうち、前記１(3)オの部分は、不相当に高額であるから、平成19年２月期については[redacted]、平成20年２月期については合計[redacted]、平成21年２月期については合計[redacted]、平成22年月期については[redacted]を損金の額に算入することができないこととなる。

そして、証拠（甲１の１～４）及び弁論の全趣旨によれば、本件各事業年度における原告の納付すべき税額又は翌期へ繰り越すべき欠損金及び過少申告加算税は、別紙５のとおりとなる。そうすると、平成22年２月期更正処分の取消しを求める請求は、欠損金額１億5045万3186円、翌期へ繰り越す欠損金１億5045万3186円を下回る部分（還付金に相当する税額５万1599円を下回る部分を含む。）の取消しを求める限度で理由があり、また、これを前提に平成22年２月期更正処分のうち取り消されるべきもの以外の部分により新たに納付すべきこととなった税額はなく、過少申告加算税を課することができないから、平成22年２月期の過少申告加算税賦課決定処分の取消しを求める請求は理由がある。したがって、上記の限度でこれらを取消し、その余の請求はいずれも理由がないから、いずれも棄却することとして、主文のとおり判決する。

（口頭弁論終結日　平成28年２月５日）

（東京地方裁判所民事第３部　裁判長裁判官　舘内比佐志　裁判官　荒谷謙介　裁判官　宮端謙一）

別紙１　関係法令の定め

（略）

別表１－１　平成19年２月期の更正処分及び加算税の賦課決定処分の経緯

別表１－２　平成20年２月期の更正処分及び加算税の賦課決定処分の経緯

別表１－３　平成21年２月期更正処分及び加算税の賦課決定処分の経緯

別表１－４　平成22年２月期更正処分及び加算税の賦課決定処分の経緯

別表２－１　平成19年２月期

別表２－２　平成20年２月期

別表２－３　平成21年２月期

別表２－４　平成22年２月期

別表３　原告の収益の状況

別表４　原告の使用人に対する給与の支給の状況

別表５　本件役員ら及び比嘉貞子に対する役員給与の支給の状況

別表６－１　報告類似法人一覧表

別表６－２　報告類似法人一覧表

別表６－３　報告類似法人一覧表

別表６－４　報告類似法人一覧表

別表７－１　比較法人一覧表

別表７－２　比較法人一覧表

別表７－３　比較法人一覧表

別表７－４　比較法人一覧表

別表８－１　比較法人の平均役員報酬・役員給与との対比表　平成19年２月期

別表８－２　比較法人の平均役員報酬・役員給与との対比表　平成20年２月期

別表８－３　比較法人の平均役員報酬・役員給与との対比表　平成21年２月期

別表８－４　比較法人の平均役員報酬・役員給与との対比表　平成22年２月期

別表９　類似法人の類似する役員の退職給与の支給状況

（略）

退職時利用書式集

1　給与所得者異動届出書（住民税普通徴収切替届出）

給与所得者異動届出書（令和４年１月１日からの異動の方）（東京都中央区の例）

■書式
https://www.city.chuo.lg.jp/kurasi/sinsei.files/R4_idoutodoke_2.pdf
■記載例
https://www.city.chuo.lg.jp/kurasi/sinsei.files/R3.10_idoutodoke_setumei.pdf

住民税について、毎月の給与で特別徴収されている者について、退職時に普通徴収に切り替えるなどの処理を行うための届出であり、各市町村により様式が若干異なる。この届出を行うことで、普通徴収に切替えしたり、再就職先等で引き続き特別徴収を行うなどの処理の選択が可能になる。

なお、上記にかかわらず、１月から４月中のいわゆる年明け退職者については、その後５月末までに支払う給与があれば、一括して未徴収額を徴収して納付する必要がある点、注意が必要である。

2　退職所得の受給に関する申告（退職所得申告）

［概　要］

退職手当等の支給を受ける人が、所得税法203条１項各号に掲げる事項を申告書に記載し、退職手当等の支払者に提出する手続です。

（注）　国内において退職手当等の支払を受ける居住者は、この申告を行わなければなりません。この申告を行わない場合は、その退職手当等の金額につき20.42％の税率による源泉徴収が行われることとな

2 異動届

◎給与支払報告書提出後に、退職・転勤・休職などの事由により、特別徴収ができなくなった場合には、この異動届を提出してください。

給与支払報告／特別徴収 に係る給与所得者異動届出書

年度：① 現年度　2．新年度　3．両年度

中央区長殿
令和 4年 8月 10日提出

給与支払者（特別徴収義務者）			
所在地	〒104-0045 東京都中央区築地１－１－１　築地ビル２階	特別徴収義務者指定番号	0088000231
フリガナ	チュウオウカブシキガイシャ	宛名番号	1234567
氏名又は名称	中央株式会社	担当者連絡先 所属	経理課給与係
個人番号又は法人番号	1 2 3 4 5 6 7 8 9 8 7 6 5（←個人番号の記載に当たっては、左端を空欄とし右詰めで記載）	氏名	○○ ○○
		電話	03－3546－0000 内線（ 123 ）

Ⓐ 給与所得者

フリガナ	チュウオウ　ハナコ
氏名	中央　花子
生年月日	昭和６０年 1月 1日
個人番号	2 3 4 5 6 7 8 9 8 7 6 5
受給者番号	T12345
1月1日現在の住所	東京都中央区築地９－１－１
異動後の住所	東京都千代田区有楽町 5番2－3301

(ア) 特別徴収税額（年税額）	(イ) 徴収済額	(ウ) 未徴収税額 (ア)－(イ)	異動年月日	異動の事由	異動後の未徴収税額の徴収方法
204,000円	6月から 7月まで 34,000円	8月から 5月まで 170,000円	4年 7月 31日	1（右から番号を記入） 1．退職 2．転勤 3．休職・長欠 4．死亡 5．支払少額・不定期 6．合併・解散 7．その他［事由・理由］	3（右から番号を記入） 1．特別徴収継続 2．一括徴収 3．普通徴収（本人納付）

Ⓑ 1．特別徴収継続の場合

新しい勤務先（特別徴収義務者）

特別徴収義務者指定番号	（新規）法人番号
所在地	〒
フリガナ	
氏名又は名称	
担当者連絡先	所属／氏名／電話　内線（　　）

新しい勤務先へは、月割額＿＿＿円を □月分（翌月10日納入期限分）から徴収し、納入するよう連絡済みです。

受給者番号

納入書の要否（新規の場合のみ記載）□（右から番号を記入）1．必要　2．不要

Ⓒ 2．一括徴収の場合

理由 □（右から番号を記入）
1．異動が　年12月31日までで、一括徴収の申出があったため
2．異動が　年1月1日以降で、特別徴収の継続の申出がないため

徴収予定月日：　月　日
徴収予定額（上記（ウ）と同額）：　円

左記の一括徴収した税額は、□月分（翌月10日納入期限分）で納入します。

Ⓓ 3．普通徴収の場合

理由 1（右から番号を記入）
1．異動が令和４年12月31日までで、一括徴収の申出がないため
2．　年５月31日までに支払われるべき給与又は退職手当等の額が未徴収税額（ウ）以下であるため
3．死亡による退職であるため

※市町村記入欄

中央区の指定番号を記入してください。

税額通知に記載のある宛名番号を記載してください。（マイナンバーではありません）

①異動後の徴収方法を普通徴収とするときは、枠内に「3」と番号を記入してください。
②「3．普通徴収の場合」（D欄）に、該当する理由の番号を枠内に記入してください。
（注）同欄の理由に該当しない場合は、特別徴収継続の場合を除き、一括徴収により納入してください。

提出期限は、異動日の翌月10日です。

≪異動後の住民税の支払方法≫
1．**特別徴収継続**・・・異動後に、新しい勤務先で引き続き特別徴収する方法【A・Bの欄を記入】
2．**一括徴収**・・・退職時の給与又は退職手当から一括して差し引く方法【A・Cの欄を記入】
3．**普通徴収**・・・従業員自身が納税する方法【A・Dの欄を記入】
※ただし、令和4年1月1日から4月30日までの間に異動された場合は、2の一括徴収で処理してください。

②

※異動届の提出先は、該当年度の1月1日現在における、給与所得者の住所がある市区町村です。転居等により令和3年度と4年度、又は令和4年度と5年度で課税される市区町村が異なり、両年度の徴収方法を変更する場合、両方の市区町村に提出が必要となります。

年 月 日 税務署長 殿 ／ 市町村長 殿

年分 退職所得の受給に関する申告書 兼 退職所得申告書

退職手当の支払者の			あなたの		
	所在地 （住所）	〒		現住所	〒
	名称 （氏名）			氏名	
	法人番号 （個人番号）	※提出を受けた退職手当の支払者が記載してください。		個人番号	
				その年1月1日現在の住所	

A	このA欄には、全ての人が、記載してください。（あなたが、前に退職手当等の支払を受けたことがない場合には、下のB以下の各欄には記載する必要がありません。）				
	① 退職手当等の支払を受けることとなった年月日	年 月 日	③ この申告書の提出先から受ける退職手当等についての勤続期間		自 年 月 日 至 年 月 日	年
	② 退職の区分等	＜一般・障害の区分＞ 一般 ・ 障害 〔 〕 ＜生活扶助の有無＞ 有 ・ 無	うち 特定役員等勤続期間	有 無	自 年 月 日 至 年 月 日	年
			うち 一般勤続期間との重複勤続期間	有 無	自 年 月 日 至 年 月 日	年
			うち 短期勤続期間との重複勤続期間	有 無	自 年 月 日 至 年 月 日	年
			うち 短期勤続期間	有 無	自 年 月 日 至 年 月 日	年

B	あなたが本年中に他にも退職手当等の支払を受けたことがある場合には、このB欄に記載してください。							
	④ 本年中に支払を受けた他の退職手当等についての勤続期間		自 年 月 日 至 年 月 日		⑤ ③と④の通算勤続期間		自 年 月 日 至 年 月 日	年
					うち 特定役員等勤続期間	有 無	自 年 月 日 至 年 月 日	年
	うち 特定役員等勤続期間	有 無	自 年 月 日 至 年 月 日	年	うち 一般勤続期間との重複勤続期間	有 無	自 年 月 日 至 年 月 日	年
					うち 短期勤続期間との重複勤続期間	有 無	自 年 月 日 至 年 月 日	年
					うち 全重複勤続期間	有 無	自 年 月 日 至 年 月 日	年
	うち 短期勤続期間	有 無	自 年 月 日 至 年 月 日	年	うち 短期勤続期間	有 無	自 年 月 日 至 年 月 日	年
					うち 一般勤続期間との重複勤続期間	有 無	自 年 月 日 至 年 月 日	年

C	あなたが前年以前4年内（その年に確定拠出年金法に基づく老齢給付金として支給される一時金の支払を受ける場合には、19年内）に退職手当等の支払を受けたことがある場合には、このC欄に記載してください。					
	⑥ 前年以前4年内（その年に確定拠出年金法に基づく老齢給付金として支給される一時金の支払を受ける場合には、19年内）の退職手当等についての勤続期間	自 年 月 日 至 年 月 日	⑦ ③又は⑤の勤続期間のうち、⑥の勤続期間と重複している期間		自 年 月 日 至 年 月 日	年
			㋑ うち 特定役員等勤続期間との重複勤続期間	有 無	自 年 月 日 至 年 月 日	年
			㋺ うち 短期勤続期間との重複勤続期間	有 無	自 年 月 日 至 年 月 日	年

D	A又はBの退職手当等についての勤続期間のうちに、前に支払を受けた退職手当等についての勤続期間の全部又は一部が通算されている場合には、その通算された勤続期間等について、このD欄に記載してください。							
	⑧ Aの退職手当等についての勤続期間(③)に通算された前の退職手当等についての勤続期間		自 年 月 日 至 年 月 日	年	⑩ ③又は⑤の勤続期間のうち、⑧又は⑨の勤続期間だけからなる部分の期間		自 年 月 日 至 年 月 日	年
	うち 特定役員等勤続期間	有 無	自 年 月 日 至 年 月 日	年	㋩ うち 特定役員等勤続期間	有 無	自 年 月 日 至 年 月 日	年
	うち 短期勤続期間	有 無	自 年 月 日 至 年 月 日	年	㋥ うち 短期勤続期間	有 無	自 年 月 日 至 年 月 日	年
	⑨ Bの退職手当等についての勤続期間(④)に通算された前の退職手当等についての勤続期間		自 年 月 日 至 年 月 日	年	⑪ ⑦と⑩の通算期間		自 年 月 日 至 年 月 日	年
	うち 特定役員等勤続期間	有 無	自 年 月 日 至 年 月 日	年	㋭ うち ㋑と㋩の通算期間		自 年 月 日 至 年 月 日	年
	うち 短期勤続期間	有 無	自 年 月 日 至 年 月 日	年	㋬ うち ㋺と㋥の通算期間		自 年 月 日 至 年 月 日	年

E　B又はCの退職手当等がある場合には、このE欄にも記載してください。

区分		退職手当等の支払を受けることとなった年月日	収入金額（円）	源泉徴収税額（円）	特別徴収税額 市町村民税（円）	特別徴収税額 道府県民税（円）	支払を受けた年月日	退職の区分	支払者の所在地（住所）・名称（氏名）
B	一般	・ ・					・ ・	一般 障害	
B	特定役員	・ ・					・ ・	一般 障害	
B	短期	・ ・					・ ・	一般 障害	
C		・ ・					・ ・	一般 障害	

03.12 改正　　　　（規格A4）

ります。

[手続根拠]

所得税法203条、所得税法施行規則77条

[手続対象者]

退職手当等の支払を受ける居住者

[提出時期]

退職手当等の支払を受ける時までに提出してください。

[提出方法]

退職手当等の支払者に提出してください。

（注） 退職手当等の支払者は、税務署長から特に提出を求められた場合以外は、税務署への提出の必要はありません（退職手当等の支払者が保管することになっています）。

[手数料]

不要です。

[添付書類・部数]

- その年中に他の退職手当等の支給を受けている場合は、その退職手当に係る「退職所得の源泉徴収票」 1部

[申請書様式・記載要領]

退職所得の受給に関する申告書（退職所得申告書）

☞https://www.nta.go.jp/law/tsutatsu/kobetsu/hojin/010705/pdf/391-2.pdf

[相談窓口]

最寄りの税務署（源泉所得税担当）

申告書の書き方

1 「①」欄には、退職年月日（会社の役員等の退職手当等で、株主総会等の決議を要するものは、その決議により支払を受ける金額が具体的に定められた年月日）を記載します。

2 「②」欄には、在職中に障害者となったことに直接基因して退職した

人は、「障害」を○で囲み、(　)内に障害の状態、身体障害者手帳等の交付年月日等を記載します。その他の人は「一般」を○で囲みます。また、その年1月1日現在で生活保護法による生活扶助を受けている人は、生活扶助の「有」を、その他の人は「無」を○で囲みます。

3　「③」欄には、この申告書を提出して今回支払を受ける退職手当等についての勤続期間とその年数（1年未満の端数は切上げ）を記載します。

この場合、勤続期間は、原則としてその支払者の下で引き続き勤務した期間（その支払者から前に退職手当等の支払を受けている場合には、前の退職手当等の計算の基礎となった勤続期間の末日以前の期間を除きます。）によります。ただし、次の期間がある場合には、その期間を加えた期間によります。

(1)　その支払者から受けた前の退職手当等の計算の基礎となった勤続期間で、今回の退職手当等の計算の基礎となる勤続期間に通算された期間

(2)　一時他に勤務していたなどのため、その支払者の下での勤務が中断した人の、その中断前に引き続き勤務した期間（一時他に勤務することとなった際に、その支払者から退職手当等を受けなかった場合に限ります。）

(3)　他に勤務していた期間（その支払者の下で勤務しなかった期間に限ります。）で、今回の退職手当等の計算の基礎となる期間に通算された期間

また、「③」欄の内書には、上記の勤続期間のうち、特定役員退職手当等（※1）に係る勤続期間（以下「特定役員等勤続期間」といいます。）の有無及び短期退職手当等（※2）に係る勤続期間（以下「短期勤続期間」といいます。）の有無、有の場合は、その勤続期間及びその年数（1年未満の端数切上げ）を記載します。

更に、特定役員等勤続期間の内書として、特定役員等勤続期間と一般退職手当等（※3）に係る勤続期間（以下「一般勤続期間」といい

ます。）の重複の有無及び特定役員等勤続期間と短期勤続期間の重複の有無、有の場合は、その重複勤続期間及びその年数（１年未満の端数切上げ）を記載します。

※１　特定役員退職手当等とは、役員等としての勤続年数（以下「役員等勤続年数」といいます。）が５年以下である人が支払を受ける退職手当等のうち、その役員等勤続年数に対応する退職手当等として支払を受けるものをいいます。

上記の役員等とは次に掲げる人をいいます。

イ　法人税法第２条第15号に規定する役員

ロ　国会議員及び地方公共団体の議会の議員

ハ　国家公務員及び地方公務員

２　短期退職手当等とは、短期勤続年数（役員等以外の者として勤務した期間により計算した勤続年数が５年以下であるものをいい、この勤続年数については、役員等として勤務した期間がある場合、その期間を含めて計算します。以下同じです。）に対応する退職手当等として支払を受けるものであって、特定役員退職手当等に該当しないものをいいます。

３　一般退職手当等とは、退職手当等のうち、特定役員退職手当等及び短期退職手当等のいずれにも該当しないものをいいます。

4　「④」欄には、本年中に支払を受けた他の退職手当等についての勤続期間を上記３の方法で計算して記載します。また、内書は、上記３「③」欄の内書に倣い記載します。

5　「⑤」欄には、「③」欄と「④」欄の勤続期間について、重複する部分は二重に計算しないように通算した勤続期間とその年数（１年未満の端数切上げ）を記載します。

また、内書の「うち　特定役員等勤続期間」並びにその内書の「うち　一般勤続期間との重複勤続期間」、「うち　短期勤続期間との重複勤続期間」及び「うち　短期勤続期間」の各欄は、上記３「③」欄の内書に倣い記載しますが、これらの重複勤続期間には全重複勤続期間（特定役員等勤続期間、短期勤続期間及び一般勤続期間が重複している期間をいいます。以下同じです。）を含みません。

更に、「うち　全重複勤続期間」欄は全重複勤続期間について、「うち　短期勤続期間」の内書の「うち　一般勤続期間との重複勤続期間」欄は短期勤続期間と一般勤続期間が重複している期間（全重複勤続期間を除きます。）について、その該当の有無、有の場合は、その重複勤続期間及びその年数（１年未満の端数切上げ）を記載します。

6 「⑥」欄には、前年以前４年内（その年に確定拠出年金法に基づく老齢給付金として支給される一時金の支払を受ける場合には、19年内）に支払を受けた退職手当等（以下「４年内の退職手当等」といいます。）がある場合に、その４年内の退職手当等についての勤続期間を記載します。

ただし、４年内の退職手当等の収入金額がその退職手当等についての退職所得控除額に満たなかったときは、その４年内の退職手当等の収入金額に応じ、その４年内の退職手当等についての勤続期間の初日から次表の算式によって計算した数（小数点以下の端数切捨て）に相当する年数が経過する日までの期間を記載します。

４年内の退職手当等の収入金額	算　　式
800万円以下の場合	その収入金額÷40万円
800万円を超える場合	（その収入金額－800万円）÷70万円＋20

7 「⑦」欄には、「③」欄又は「⑤」欄の勤続期間のうち、「⑥」欄の勤続期間と重複している期間を記載します。また、「㋑」欄及び「㋺」欄には、この重複している期間のうち、「③」欄又は「⑤」欄の特定役員等勤続期間又は短期勤続期間と重複する期間の有無、有の場合は、その重複勤続期間及びその年数（１年未満の端数切捨て）を記載します。

8 「⑧」欄又は「⑨」欄には、「③」欄又は「④」欄の勤続期間のうち、その勤続期間に通算された、前の退職手当等についての勤続期間（上記

３の(1)又は(3)の期間（(3)の期間については、その「他」の勤務先から前に退職手当等の支払を受けている場合に限ります。)）とその年数（１年未満の端数切捨て）を記載します。また、内書には、その勤続期間のうち、特定役員等勤続期間又は短期勤続期間の有無、有の場合は、その特定役員等勤続期間又は短期勤続期間及びその年数（１年未満の端数切捨て）を記載します。

9　「⑩」欄には、「③」欄又は「⑤」欄の勤続期間のうち、「⑧」欄又は「⑨」欄の勤続期間だけからなる部分の期間とその年数（１年未満の端数切捨て）を記載します。また、「㋩」欄及び「㋥」欄には、その勤続期間のうち、特定役員等勤続期間又は短期勤続期間の有無、有の場合は、その特定役員等勤続期間又はその短期勤続期間及びその年数（１年未満の端数切捨て）を記載します。

10　「⑪」欄には、「⑦」欄と「⑩」欄の勤続期間について、重複する部分は二重に計算しないように通算した勤続期間とその年数（１年未満の端数切捨て）を記載します。また「㋭」欄及び「㋬」欄には、「㋑」欄と「㋩」欄及び「㋺」欄と「㋥」欄の勤続期間について、重複する部分は二重に計算しないように通算した勤続期間とその年数（１年未満の端数切捨て）を記載します。

3　住民税に係る退職所得の納入書

毎月の給与に係る納入書に退職所得分の記載欄があるので、そちらに記載する。同時に、納入書裏面の、退職所得に係る納入申告書への記載も必要になる。なお、法人でなく、個人事業主の場合には、個人番号が必要になるため、納入書裏面とは別個の書式を用いる。

以下、納入書の記載例として、広島県福山市の「市民税・県民税　特別徴収のしおり」を抜粋します。

納入書の記載例 (2)　　（裏）

・特別徴収義務者が法人等の場合〔納入書裏面〕

退職所得分　市民税 県民税　納入申告書			
福山市長宛		年　月　日提出	
①		2022年　9月分　人員　1人	②
退職手当等支払金額		十億千百十万千百十円 25000000	③
特別徴収税額	市民税	195000	④
	県民税	130000	⑤
地方税法第50条の5及び第328条の5第2項の規定により上記のとおり分離課税に係る所得割の納入について申告します。			
(特別徴収義務者) 住所又は所在地　720-8501　福山市東桜町３番５号 名前又は名称　㈱　福　山	⑥	(受付印)	
法人番号			⑦

※税法改正により2022年（令和４年）１月１日以降に支払われるべき退職手当等から，役員等以外の者としての勤続年数が５年以下である者に対する退職手当等（短期退職手当等）について，計算方法が変更されています。
（P. 9～P. 10参照）

・退職手当　2,500万円
・勤続年数　35年
・退職所得控除額の計算
800万円＋70万円×（35年－20年）＝1,850万円
・退職所得の金額
（2,500万円－1,850万円）×１／２＝325万円
・退職所得に係る所得割額
市民税　325万円×６％＝195,000円
県民税　325万円×４％＝130,000円

・特別徴収義務者が個人事業主の場合〔P.20の納入申告書〕

退職所得分 市民税 県民税 納入申告書
（個人事業主用）

退職所得分　市民税 県民税　納入申告書			
福山市長宛		年　月　日提出	
①		2022年　9月分　人員　1人	②
退職手当等支払金額		十億千百十万千百十円 25000000	③
特別徴収税額	市民税	195000	④
	県民税	130000	⑤
地方税法第50条の5及び第328条の5第2項の規定により上記のとおり分離課税に係る所得割の納入について申告します。			
(特別徴収義務者) 住所又は所在地　729-0104　福山市松永町４０５－１ 名前又は名称　福山次郎　福山塗装	⑥	(受付印)	
個人番号			⑦
指定番号	602046135		⑧

《納入申告書の記入について》

① 徴収した年・月分を記入してください。
② 退職所得の分離課税に係る所得割を納入した人の数を記入してください。
③ 人員欄に記載された人に対して支給した退職手当等の金額を記入してください。
④ 算出された市民税の税額を記入してください。
⑤ 算出された県民税の税額を記入してください。
⑥ 事業所の所在地・名称を記入してください。
⑦ 特別徴収義務者の個人番号を記入してください。
⑧ 特別徴収義務者の指定番号を記入してください。

納入書の記載例 (3)　　(表)

予備の納入書で納入する場合（該当期の納入書を紛失等のため，予備の納入書で納入する場合）

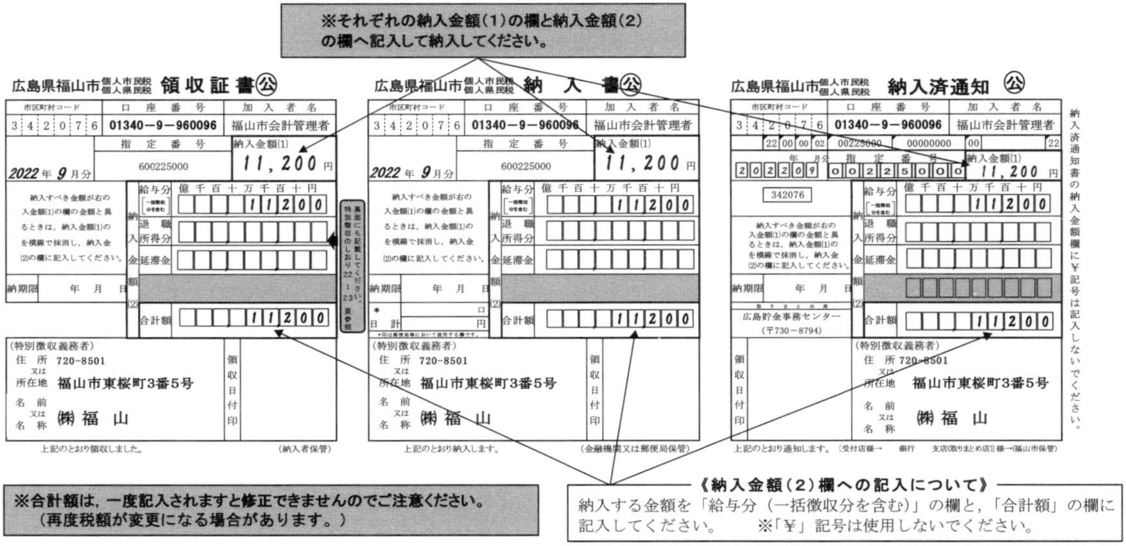

給与支払報告・特別徴収 にかかる給与所得者異動届出書　の記載例　(1)

未徴収税額を本人が納付する場合（普通徴収）

個人番号又は法人番号欄
個人番号12桁（右詰）又は法人番号13桁を記入する

指定番号欄
特別徴収義務者用税額通知書の左端の番号を記入する

宛名番号欄
特別徴収義務者用税額通知書の指定番号の右隣の番号を記入する
※受給者番号ではありません

給与所得者欄
納税義務者の個人番号・名前・生年月日・住所を記入する

異動の事由欄
該当の理由を記入する
※必ず記入をお願いします。記入がない場合は普通徴収に切替えられない場合があります。

(ア)特別徴収税額欄
通知書中程特別徴収税額を記入する

(イ)徴収済税額欄
徴収の済んでいる月及び徴収済みの合計額を記入する

記入欄

市民税・県民税　給与支払報告・特別徴収　に係る給与所得者異動届出書

年度：1. 現年度　2. 新年度　3. 両年度

福山市長宛　2022年10月6日提出

給与支払者（特別徴収義務者）

所在地	〒720-8501 福山市東桜町３－５
フリガナ	
名前又は名称	(株)　福　山
個人番号又は法人番号	1 2 3 4 5 6 7 8 9 0 1 2 3（←個人番号の記載に当たっては左端を空欄とし右詰めで記載）
特別徴収義務者指定番号	600225000
宛名番号	33
担当者連絡先　所属	給与係
名前	福山　一郎
電話	921－2111　内線（　　）

給与所得者	
フリガナ	フクヤマ　タロウ
名前	福山　太郎
生年月日	1970年　4月　4日
個人番号	9 8 7 6 5 4 3 2 1 0 1 2
受給者番号	
1月1日現在の住所	福山市東桜町２０－２０
異動後の住所	

(ア)特別徴収税額（年税額）	(イ)徴収済税額	(ウ)未徴収税額 (ア)－(イ)	異動年月日	異動の事由	異動後の未徴収税額の徴収方法
120,000円	6月から9月まで　40,000円	10月から5月まで　80,000円	2022年9月30日	1（右から番号を記入） 1. 退職 (A) 2. 転勤 3. 休職・長欠 4. 死亡 5. 支払少額(B)・不定期(C) 6. 合併・解散 7. その他 事由・理由　□ 乙欄該当(D)	3（右から番号を記入） 1. 特別徴収継続 2. 一括徴収 3. 普通徴収（本人納付） それぞれ下記の1～3に記入してください。

1. 特別徴収継続の場合

特別徴収義務者指定番号	（新規）　法人番号
所在地	〒
フリガナ	
名前又は名称	
担当者連絡先	所属　／　名前　／　電話　内線（　　）

新しい勤務先へは，月割額＿＿＿＿円を　　月分（　月　日納入期限分）から徴収し，納入するよう連絡済みです。

受給者番号

納入書の要否（新規の場合のみ記載）　右から番号を記入　1. 必要　2. 不要

2. 一括徴収の場合

右から番号を記入
1. 異動が　　年12月31日までで，一括徴収の申出があったため
2. 異動が　　年1月1日以降で，特別徴収の継続の申出がないため

徴収予定月日	徴収予定額（上記（ウ）と同額）
月　日	円

左記の一括徴収した税額は，　　月分（　月　日納入期限分）で納入します。

3. 普通徴収の場合

理由：1（右から番号を記入）
1. 異動が2022年12月31日までで，一括徴収の申出がないため
2. 　　年５月31日までに支払われるべき給与又は退職手当等の額が未徴収税額（ウ）以下であるため
3. 死亡による退職であるため

※市町村記入欄

指定替・一括徴収・特普（第　期より）

口座　有・無

過年度		現年度		新年度	
オンライン	照合	オンライン	照合	オンライン	照合

※退職者についても，給与支払報告書は毎年１月末日の提出期限までに必ずご提出ください。

【提出先】　〒７２０－８５０１　広島県福山市東桜町３番５号　福山市役所市民税課　　電話：０８４－９２８－１０２１

この様式は福山市役所のホームページ（担当部署：市民税課）からダウンロードできます。

◎お願い　所在地・名称には誤読をさけるために必ずフリガナを記入してください。

給与支払報告 特別徴収 にかかる給与所得者異動届出書 の記載例 (2)

退職により未徴収税額を 給与／退職手当 より一度に差し引く場合（一括徴収）

個人番号又は法人番号欄
個人番号12桁（右詰）又は法人番号13桁を記入する

給与所得者欄
納税義務者の
個人番号・名前・
生年月日・住所を
記入する

一括徴収し納付する税額・納付する月を記入する

記入欄

市民税・県民税 給与支払報告・特別徴収 に係る給与所得者異動届出書

年度	1. 現年度 2. 新年度 3. 両年度
特別徴収義務者指定番号	600225000
宛名番号	33
担当連絡者先 所属	給与係
名前	福山 一郎
電話	921−2111 内線（ ）

福山市長宛 2022年 12月 6日提出

給与支払者（特別徴収義務者）

所在地	〒720-8501 福山市東桜町3−5
フリガナ	
名前又は名称	㈱ 福山
個人番号又は法人番号	1 2 3 4 5 6 7 8 9 0 1 2 3

←個人番号の記載に当たっては左端を空欄とし右詰めで記載

給与所得者

フリガナ	フクヤマ タロウ
名前	福山 太郎
生年月日	1970年 4月 4日
個人番号	9 8 7 6 5 4 3 2 1 0 1 2
受給者番号	
1月1日現在の住所	福山市東桜町20−20
異動後の住所	

（ア）特別徴収税額（年税額）	（イ）徴収済税額	（ウ）未徴収税額（ア）−（イ）	異動年月日	異動の事由	異動後の未徴収税額の徴収方法
70,000円	6月から 11月まで 35,200円	12月から 5月まで 34,800円	2022年 11月 20日	1（右から番号を記入）	2（右から番号を記入）

異動の事由：1. 退職（A） 2. 転勤 3. 休職・長欠 4. 死亡 5. 支払少額(B)・不定期(C) 6. 合併・解散 7. その他（事由・理由） □ 乙欄該当（D）

徴収方法：1. 特別徴収継続 2. 一括徴収 3. 普通徴収（本人納付） それぞれ下記の1〜3に記入してください。

1. 特別徴収継続の場合

新しい勤務先（特別徴収義務者）

特別徴収義務者指定番号	（新規） 法人番号
所在地	〒
フリガナ	
名前又は名称	
担当者連絡先 所属	
名前	
電話	内線（ ）

新しい勤務先へは，月割額＿＿＿＿円を　月分（　月　日納入期限分）から徴収し，納入するよう連絡済みです。

受給者番号

納入書の要否（新規の場合のみ記載） 右から番号を記入 1. 必要 2. 不要

2. 一括徴収の場合

理由 1（右から番号を記入）

1. 異動が 2022 年12月31日までで，一括徴収の申出があったため
2. 異動が　年1月1日以降で，特別徴収の継続の申出がないため

徴収予定月日	徴収予定額（上記（ウ）と同額）
1月 10日	34,800円

左記の一括徴収した税額は，12月分（1月10日納入期限分）で納入します。

3. 普通徴収の場合

理由（右から番号を記入）

1. 異動が　年12月31日までで，一括徴収の申出がないため
2. 　年5月31日までに支払われるべき給与又は退職手当等の額が未徴収税額（ウ）以下であるため
3. 死亡による退職であるため

※市町村記入欄

指定替・一括徴収・特普（第　期より）
口座 有・無

過年度		現年度		新年度	
オンライン	照合	オンライン	照合	オンライン	照合

【提出先】 〒720−8501 広島県福山市東桜町3番5号 福山市役所市民税課 電話：084−928−1021
この様式は福山市役所のホームページ（担当部署：市民税課）からダウンロードできます。

一月一日から四月…者に未徴収税額がある場合は、一括徴収することが義務づけられています。

※退職者についても、給与支払報告書は毎年1月末日の提出期限までに必ずご提出ください。

◎お願い　所在地・名称には誤読をさけるために必ずフリガナを記入してください。

4　給与所得・退職所得に対する源泉徴収簿の作成

☞https://www.nta.go.jp/taxes/tetsuzuki/shinsei/annai/gensen/pdf/0021012-065_01.pdf

令和4年分　退職所得に対する源泉徴収簿

所属		職名		住所	(郵便番号　－　)	氏名	(フリガナ) (生年月日 明・大・昭・平・令　年　月　日)	(注1) 受給に関する申告書の提出	有・無	整理番号	

就職年月日	年　月　日	退職年月日	年　月　日	役員就任年月日	年　月　日	役員退任年月日	年　月　日
支払確定年月日	年　月　日	支給年月日	年　月　日	退職区分	障害による退職 有・無	短期退職手当等の有無	有・無
						特定役員退職手当等の有無	有・無

退職手当等の金額	支給金額	①　円	内　一般退職手当等の金額	②　円	内　短期退職手当等の金額	③　円	内　特定役員退職手当等の金額	④　円
	他からの支給金額	⑤　円	内　一般退職手当等の金額	⑥　円	内　短期退職手当等の金額	⑦　円	内　特定役員退職手当等の金額	⑧　円
	合計金額	⑨（＝①＋⑤）　円	内　一般退職手当等の金額	⑩（＝②＋⑥）　円	内　短期退職手当等の金額	⑪（＝③＋⑦）　円	内　特定役員退職手当等の金額	⑫（＝④＋⑧）　円
(注2、3) 退職所得控除額		⑬　円	(注2、3) 内　一般退職所得控除額	⑭　円	(注2、3) 内　短期退職所得控除額	⑮　円	(注2、3) 内　特定役員退職所得控除額	⑯　円
	前年以前の退職手当等(注4)	有・無						
退職所得金額			(注5、8) 一般退職手当等に係る所得金額	⑰　円	(注6、8) 短期退職手当等に係る所得金額	⑱　円	(注7、8) 特定役員退職手当等に係る所得金額	⑲　円
			⑳（＝⑰＋⑱＋⑲）　円					
源泉徴収税額			(注9) ⑳に対する源泉徴収税額	㉑　円	他からの退職手当等に係る源泉徴収税額	㉒　円	源泉徴収税額 （納付税額）	㉓（＝㉑－㉒）　円

(※)　退職所得に係る源泉徴収税額の計算方法等の詳細については、国税庁ホームページ【https://www.nta.go.jp】に掲載している「源泉徴収のあらまし」や「短期退職手当等Q＆A」をご確認ください。

(注) 1　「退職所得の受給に関する申告書」の提出がない場合の①～㉓欄については、支払う退職手当等の金額を⑨欄に記載し、その金額に 20.42%を乗じた金額（1円未満切捨て）を㉓欄に記載します（①～⑧欄及び⑩～㉒欄の記載は不要です。）。

2　本年中に支払を受ける退職手当等が一般退職手当等、短期退職手当等又は特定役員退職手当等のいずれかのみの場合は、⑬欄のみを記載します（⑭～⑯欄の記載は不要です。）。

3　退職所得控除額、一般退職所得控除額、短期退職所得控除額及び特定役員退職所得控除額（以下「退職所得控除額等」といいます。）の計算方法は、裏面や上記（※）の国税庁ホームページをご確認ください。

4　前年以前に他の退職手当等の支払を受けている場合（「退職所得の受給に関する申告書」のC欄又はD欄に記載がある場合）には「有」に○を付けてください。なお、この場合には、退職所得控除額等の計算において一定の調整が必要となります。詳しくは、裏面1（注）、2※1、2や上記（※）の国税庁ホームページをご確認ください。

5　「(⑩－（⑬又は⑭)) × 1／2」の金額を記載してください。

6　「⑪－（⑬又は⑮)」の金額が 300 万円以下の場合は「(⑪－（⑬又は⑮)) × 1／2」の金額を、「⑪－（⑬又は⑮)」の金額が 300 万円超の場合は「⑪－150 万円－（⑬又は⑮)」の金額を記載してください。

7　「⑫－（⑬又は⑯)」の金額を記載してください。

8　本年中に一般退職手当等、短期退職手当等又は特定役員退職手当等の複数の支払を受ける場合において、各退職手当等の金額から各退職所得控除額を控除した金額がマイナスとなる場合には、そのマイナスの金額について、一定の調整が必要となります。詳しくは、上記（※）の国税庁ホームページをご確認ください。

9　源泉徴収税額は、⑳欄の金額を課税退職所得金額（1,000 円未満切捨て）として、裏面の「3　退職所得の源泉徴収税額の速算表」を当てはめて計算してください。

1　本年中に特定役員退職手当等、短期退職手当等又は一般退職手当等のいずれかが支給される場合の退職所得控除額の計算方法

勤続年数	退職所得控除額
20年以下の場合	40万円 × 勤続年数
20年を超える場合	800万円 ＋ 70万円 × （勤続年数 － 20年）

（注）1　次に掲げる重複期間がある場合には、本年分の退職手当等の勤続年数に基づき上記表により計算した退職所得控除額から、重複期間の年数（重複期間に1年未満の端数がある場合には切り捨てます。）に基づき上記表により計算した退職所得控除額相当額を控除した残額が退職所得控除額となります。

① 本年分の退職手当等が、前年以前にその支払者又は他の支払者から支払われた退職手当等の勤続期間を通算して計算している場合の、本年分の退職手当等の勤続期間と前年以前に支払われた退職手当等の勤続期間との重複期間

② 前年以前4年内（確定拠出年金の老齢給付金として支給される一時金の支払を受けた年分は前年以前14年内（令和4年4月1日以後支払を受けるべき一時金については前年以前19年内））に他の支払者から支払われた退職手当等（上記①の通算して勤続期間を計算している場合の前年以前に支払われた退職手当等を除きます。以下1において、「前の退職手当等」といいます。）がある場合の、本年分の退職手当等の勤続期間と前の退職手当等の勤続期間との重複期間

なお、②の場合において、前の退職手当等の収入金額が、前の退職手当等の勤続年数に基づき上記表により計算した金額に満たない場合には、前の退職手当等の勤続期間はその期間の初日から次表の算式により計算した数（1未満の端数は切り捨てます。）に相当する年数を経過した日の前日までの期間であったものとして、本年分の退職手当等の勤続期間との重複期間の計算をします。

前の退職手当等の収入金額	算　式
800万円以下の場合	収入金額 ÷ 40万円
800万円を超える場合	（収入金額 － 800万円） ÷ 70万円 ＋ 20

2　上記の方法により計算した額が80万円未満である場合には、退職所得控除額は80万円となります。また、障害者になったことに直接基因して退職した場合の退職所得控除額は、上記の方法により計算した金額（80万円未満の場合は80万円）に、100万円を加えた金額となります。

2　本年中に特定役員退職手当等、短期退職手当等又は一般退職手当等の複数が支給される場合の各退職所得控除額の計算方法

⑴　短期退職手当等及び一般退職手当等の両方が支給される場合

イ　短期退職所得控除額の計算

40万円 × （短期勤続年数 － 重複勤続年数） ＋ 20万円 × 重複勤続年数

ロ　一般退職所得控除額の計算

退職所得控除額(注) － 短期退職所得控除額

（注）　退職所得控除額は、上記1と同じ計算により求めます。

⑵　特定役員退職手当等及び一般退職手当等の両方が支給される場合

イ　特定役員退職所得控除額の計算

40万円 × （特定役員等勤続年数 － 重複勤続年数） ＋ 20万円 × 重複勤続年数

ロ　一般退職所得控除額の計算

退職所得控除額(注) － 特定役員退職所得控除額

（注）　退職所得控除額は、上記1と同じ計算により求めます。

⑶　特定役員退職手当等及び短期退職手当等の両方が支給される場合

イ　特定役員退職所得控除額の計算

40万円 × （特定役員等勤続年数 － 重複勤続年数） ＋ 20万円 × 重複勤続年数

ロ　短期退職所得控除額の計算

退職所得控除額(注) － 特定役員退職所得控除額

（注）　退職所得控除額は、上記1と同じ計算により求めます。

⑷　特定役員退職手当等、短期退職手当等及び一般退職手当等の全てが支給される場合

イ　特定役員退職所得控除額の計算

40万円 × ｛特定役員等勤続年数 － （重複勤続年数(注) ＋ 全重複勤続年数）｝ ＋ 20万円 × 重複勤続年数(注) ＋ 14万円 × 全重複勤続年数

（注）　ここにいう重複勤続年数は、特定役員等勤続期間と短期勤続期間とが重複している期間（全重複期間を除きます。）及び特定役員等勤続期間と一般勤続期間とが重複している期間（全重複期間を除きます。）により計算した年数（これらの重複している期間を合計した期間に1年未満の端数がある場合は、その端数を1年に切り上げたもの）をいいます。

ロ　短期退職所得控除額の計算

40万円 × ｛短期勤続年数 － （重複勤続年数(注) ＋ 全重複勤続年数）｝ ＋ 20万円 × 重複勤続年数(注) ＋ 13万円 × 全重複勤続年数

（注）　ここにいう重複勤続年数は、短期勤続期間と特定役員等勤続期間とが重複している期間（全重複期間を除きます。）及び短期勤続期間と一般勤続期間とが重複している期間（全重複期間を除きます。）により計算した年数（これらの重複している期間を合計した期間に1年未満の端数がある場合は、その端数を1年に切り上げたもの）をいいます。

ハ　一般退職所得控除額の計算

退職所得控除額[注]　－　（特定役員退職所得控除額　＋　短期退職所得控除額）

（注）　退職所得控除額は、上記1と同じ計算により求めます。

※1　次に掲げる場合に該当するときの上記⑴又は⑷の短期退職所得控除額は、それぞれ次の金額を控除した金額とします。

①　前に支払を受けた退職手当等に係る期間を通算して勤続年数を計算することとされている場合において、当該前に支払を受けた退職手当等の全部又は一部が短期退職手当等に該当する場合

短期勤続期間のうち、当該前に支払を受けた退職手当等（短期退職手当等に該当するものに限ります。）に係る期間（その期間に1年未満の端数があるときは、その端数を切り捨てます。）を勤続年数とみなして計算した退職所得控除額に相当する金額

②　短期勤続期間の全部又は一部が前年以前4年内（確定拠出年金の老齢給付金として支給される一時金の支払を受けた年分は前年以前14年内（令和4年4月1日以後支払を受けるべき一時金については前年以前19年内））に支払を受けた他の退職手当等（上記イの通算して勤続年数を計算することとされている「前に支払を受けた退職手当等」を除きます。以下2※1において、「前の退職手当等」といいます。）についての勤続期間等[注]と重複している場合

その重複している部分の期間（その期間に1年未満の端数があるときは、その端数を切り捨てます。）を勤続年数とみなして計算した退職所得控除額に相当する金額

（注）　前の退職手当等の収入金額が、当該前の退職手当等について上記の計算を行わずに算出した退職所得控除額に満たない場合、当該前の退職手当等について計算の基礎となった勤続期間等のうち、その期間の初日（就職等の日）から上記1（注）1②の表の算式により計算した数（1未満の端数は切り捨てます。）に相当する年数を経過した日の前日までの期間を「前の退職手当等についての勤続期間等」とみなして、上記の退職所得控除額に相当する金額の計算を行います（次の※2②においても同じです。）。

2　次に掲げる場合に該当するときの上記⑵、⑶又は⑷の特定役員退職所得控除額は、それぞれ次の金額を控除した金額とします。

①　前に支払を受けた退職手当等に係る期間を通算して勤続年数を計算することとされている場合において、当該前に支払を受けた退職手当等の全部又は一部が特定役員退職手当等に該当する場合

特定役員等勤続期間のうち、当該前に支払を受けた退職手当等（特定役員退職手当等に該当するものに限ります。）に係る期間（その期間に1年未満の端数があるときは、その端数を切り捨てます。）を勤続年数とみなして計算した退職所得控除額に相当する金額

②　特定役員等勤続期間の全部又は一部が前年以前4年内（確定拠出年金の老齢給付金として支給される一時金の支払を受けた年分は前年以前14年内（令和4年4月1日以後支払を受けるべき一時金については前年以前19年内））に支払を受けた他の退職手当等（上記イの通算して勤続年数を計算することとされている「前に支払を受けた退職手当等」を除きます。）についての勤続期間等と重複している場合

上記※1②と同様に計算した退職所得控除額に相当する金額

【主な用語の意味等】

1　『特定役員退職手当等』とは、役員等としての勤続年数が5年以下である人が、その役員等としての勤続年数に対応する退職手当等として支払われるものをいいます。
2　『短期退職手当等』とは、短期勤続年数に対応する退職手当等として支払われるもので、特定役員退職手当等に該当しないものをいいます。
3　『一般退職手当等』とは、短期退職手当等と特定役員退職手当等のいずれにも該当しない退職手当等をいいます。
4　『特定役員等勤続年数』とは、特定役員等勤続期間の年数をいいます。
5　『短期勤続年数』とは、役員等以外の者として勤務した期間[※]により計算した勤続年数が5年以下であるものをいいます。
（※）　支払われる退職手当等が短期退職手当等に該当するか否かの判定においては、「役員等以外の者として勤務した期間」に役員等として勤務した期間を含むものとします。
　また、支払われる退職手当等が退職手当等とみなされる一時金である場合には、その一時金に係る組合員等であった期間を「役員等以外の者として勤務した期間」として短期退職手当等に該当するかの判定をします。
6　『重複勤続年数』とは、特定役員等勤続期間、短期勤続期間及び一般勤続期間のうち、いずれか2つの期間が重複している期間により計算した年数をいいます。
7　『全重複勤続年数』とは、特定役員等勤続期間、短期勤続期間及び一般勤続期間が重複している期間により計算した年数をいいます。
8　その他の各用語の意味等については、国税庁ホームページ【https://www.nta.go.jp】に掲載している「短期退職手当等Q＆A」をご確認ください。

3　退職所得の源泉徴収税額の速算表

課税退職所得金額（A）	所得税率（B）	控除額（C）	税額＝((A)×(B)－(C))×102.1%
1,950,000円以下	5％	—	((A)×5％　)×102.1%
1,950,000円超　3,300,000円 〃	10%	97,500円	((A)×10%－　97,500円)×102.1%
3,300,000円 〃　6,950,000円 〃	20%	427,500円	((A)×20%－　427,500円)×102.1%
6,950,000円 〃　9,000,000円 〃	23%	636,000円	((A)×23%－　636,000円)×102.1%
9,000,000円 〃　18,000,000円 〃	33%	1,536,000円	((A)×33%－1,536,000円)×102.1%
18,000,000円 〃　40,000,000円 〃	40%	2,796,000円	((A)×40%－2,796,000円)×102.1%
40,000,000円 〃	45%	4,796,000円	((A)×45%－4,796,000円)×102.1%

（注）　求めた税額に1円未満の端数があるときは、これを切り捨てます。

5　退職所得の源泉徴収票（同合計表）

☞https://www.nta.go.jp/taxes/tetsuzuki/shinsei/annai/hotei/23100052.htm

[概　要]

上記法定調書の提出手続です。

[手続根拠]

所得税法226条２項

[手続対象者]

退職手当等の支払をする者

[提出時期]

退職の日以後１月以内（翌年１月31日でも可）

[提出方法]

支払調書に合計表を添付して提出先に送付又は持参してください。

個人の方が提出義務者として法定調書を提出する場合には、「番号制度に係る税務署への申請書等の提出に当たってのお願い」をご覧ください。

☞ https://www.nta.go.jp/taxes/tetsuzuki/mynumberinfo/zeimusho_shinseisho.htm

[手数料]

手数料は不要です。

【給与所得の源泉徴収票等の法定調書合計表】

☞ https://www.nta.go.jp/law/tsutatsu/kobetsu/hotei/000601/pdf/07-2.pdf

FE0104

提出用

【平成28年1月1日以後提出用】

令和□□年分 給与所得の源泉徴収票等の法定調書合計表

（所得税法施行規則別表第５(８)、５(24)、５(25)、５(26)、６(１)及び６(２)関係）

税務署受付印	令和　年　月　日提出　税務署長　殿	署番号	
事業種目		整理番号	

提出者		調書の提出区分	
住所又は所在地	電話（　－　－　）	新規=1 追加=2 訂正=3 無効=4	
		提出媒体	1 給与 / 2 退職 / 3 報酬 / 4 使用 / 5 譲受 / 6 斡旋
（フリガナ）		（フリガナ）	
氏名又は名称		作成担当者	
個人番号又は法人番号(注)	↓個人番号の記載に当たっては、左端を空欄にし、ここから記載してください。	本店等一括提出	有 ◯
		翌年以降送付	否 ◯
（フリガナ）		作成税理士署名	電話（　－　－　）
代表者氏名		税理士番号	

1 給与所得の源泉徴収票合計表（375）

区分	人員	左のうち、源泉徴収税額のない者	支払金額	源泉徴収税額
Ⓐ俸給、給与、賞与等の総額	人	人	円	円
Ⓐのうち、丙欄適用の日雇労務者の賃金			円	円
Ⓑ源泉徴収票を提出するもの	人		円	円

災害減免法により徴収猶予したもの	人員	猶予税額	（摘要）
	人	円	

2 退職所得の源泉徴収票合計表（316）

区分	人員	支払金額	源泉徴収税額	（摘要）
Ⓐ退職手当等の総額	人	円	円	
Ⓑ Ⓐのうち、源泉徴収票を提出するもの	人	円	円	

3 報酬、料金、契約金及び賞金の支払調書合計表（309）

区分		人員 個人	人員 個人以外	支払金額	源泉徴収税額
所得税法第204条に規定する報酬又は料金等	原稿料、講演料等の報酬又は料金（１号該当）	人	人	円	円
	弁護士、税理士等の報酬又は料金（２号該当）	人	人	円	円
	診療報酬（３号該当）	人	人	円	円
	職業野球選手、騎手、外交員等の報酬又は料金（４号該当）	人	人	円	円
	芸能等に係る出演、演出等の報酬又は料金（５号該当）	人	人	円	円
	ホステス等の報酬又は料金（６号該当）	人	人	円	円
	契約金（７号該当）	人	人	円	円
	賞金（８号該当）	人	人	円	円
	Ⓐ 計	実　人	実　人	円	円
Ⓑ Ⓐのうち、支払調書を提出するもの		人	人	円	円

区分	件数	支払金額	源泉徴収税額	（摘要）
Ⓐのうち、所得税法第174条第10号に規定する内国法人に対する賞金	件	円	円	

災害減免法により徴収猶予したもの	人員	猶予税額
	人	円

4 不動産の使用料等の支払調書合計表（313）

区分	人員	支払金額
Ⓐ使用料等の総額	人	円
Ⓑ Ⓐのうち、支払調書を提出するもの	人	円

（摘要）

6 不動産等の売買又は貸付けのあっせん手数料の支払調書合計表（314）

区分	人員	支払金額
Ⓐあっせん手数料の総額	人	円
Ⓑ Ⓐのうち、支払調書を提出するもの	人	円

（摘要）

5 不動産等の譲受けの対価の支払調書合計表（376）

区分	人員	支払金額
Ⓐ譲受けの対価の総額	人	円
Ⓑ Ⓐのうち、支払調書を提出するもの	人	円

（摘要）

税務署整理欄	通信日付印	確認	提出年月日	身元確認
			年　月　日	
			区分 A B C D E F G H	

○提出媒体欄には、法定調書の種類別にコードを記載してください。（電子＝14 FD＝15 MO＝16 CD＝17 DVD＝18 書面＝30 その他＝99）

(注) 平成27年分以前の合計表を作成する場合には、「個人番号又は法人番号」欄に何も記載しないでください。

記載要領

1　この合計表は、ＯＣＲ用紙で提出する場合に使用する。

2　給与所得の源泉徴収票合計表

(1)「Ⓐ俸給、給与、賞与等の総額」欄には、給与所得の源泉徴収票の提出省略限度額以下のため給与所得の源泉徴収票の提出を省略するものを含めたすべての給与等について記載する。

なお、年の中途で就職した者が就職前に他の支払者から支払を受けた給与等の金額及び徴収された源泉所得税額並びに災害により被害を受けたため、給与所得に対する源泉所得税の徴収を猶予された税額は、「支払金額」又は「源泉徴収税額」に含めないで記載する。

(2)「左のうち、源泉徴収税額のない者」欄には、給与所得の源泉徴収票の「源泉徴収税額」欄の金額がゼロとなる者の数を記載する。

(3)「Ⓐのうち、丙欄適用の日雇労務者の賃金」欄には、給与所得の源泉徴収税額表（日額表）の丙欄を適用した給与等の状況を記載する。

(4)「Ⓑ源泉徴収票を提出するもの」欄には、この合計表とともに給与所得の源泉徴収票を提出するものについて、その合計を記載する。

なお、年の中途で就職した者が就職前に他の支払者から支払を受けた給与等の金額及び徴収された源泉所得税額は、「支払金額」又は「源泉徴収税額」に含めて記載することに留意する。

(5)「災害減免法により徴収猶予したもの」欄には、災害被害者に対する租税の減免、徴収猶予等に関する法律の規定により給与所得に対する源泉所得税の徴収を猶予されたものについて、その人員と猶予税額（給与所得の源泉徴収票の「摘要」欄に記載された所得税額）を記載する。

3　退職所得の源泉徴収票合計表

(1)「Ⓐ退職手当等の総額」欄には、退職所得の源泉徴収票の提出を省略するものを含めたすべての退職手当等について記載する。

(2)「Ⓑ　Ⓐのうち、源泉徴収票を提出するもの」欄には、この合計表とともに退職所得の源泉徴収票を提出するものについて、その合計を記載する。

4　報酬、料金、契約金及び賞金の支払調書合計表

(1)「人員」欄には、個人に係るものと個人以外の者に係るものとに区分して記載する。

(2)「支払金額」欄には、個人及び個人以外の者に対して支払う報酬、料金、契約金及び賞金の支払金額の合計額を記載する。

(3)「源泉徴収税額」欄には、災害被害者に対する租税の減免、徴収猶予等に関する法律の規定により報酬、料金、契約金及び賞金に対する源泉所得税の徴収を猶予された税額は含まれないことに留意する。

(4)「所得税法第204条に規定する報酬又は料金等」欄には、支払調書の提出省略限度額以下のため支払調書の提出を省略するものを含めたすべての報酬、料金等について記載する。

また、「Ⓐ計」欄の「人員」欄の「実」には、「所得税法第204条に規定する報酬又は料金等」欄の各欄を通じた実人員を記載する。

(5)「Ⓐのうち、支払調書を提出するもの」欄には、この合計表とともに報酬、料金、契約金及び賞金の支払調書を提出するものについて、その合計を記載する。

(6)「Ⓐのうち、所得税法第174条第10号に規定する内国法人に対する賞金」欄には、内国法人に対して支払った所得税法第174条第10号に規定する馬主が受ける競馬の賞金（金銭で支払われるものに限る。）の支払金額等を記載する。

(7)「災害減免法により徴収猶予したもの」欄には、災害被害者に対する租税の減免、徴収猶予等に関する法律の規定により報酬、料金、契約金及び賞金に対する源泉所得税の徴収を猶予されたものについて、その人員と猶予税額を記載する。

5　不動産の使用料等の支払調書合計表

(1)「Ⓐ使用料等の総額」欄には、その年中に支払の確定した不動産の使用料等（支払調書の提出を要しないものを含む。）の支払先の人員と支払金額の合計額を記載する。

(2) 「Ⓑ　Ⓐのうち、支払調書を提出するもの」欄には、この合計表とともに不動産の使用料等の支払調書を提出するものについて、その合計を記載する。

(3) 次に掲げる場合には、「摘要」欄に、それぞれ次に掲げる事項を記載する。

イ　支店が支払った不動産の使用料等に係る不動産の使用料等の支払調書（以下、この項において「支払調書」という。）を本店が取りまとめて本店の所在地を所轄する税務署長に提出する場合

(イ) 本店が提出するこの合計表の「(摘要)」欄には、当該支払調書を本店が取りまとめて提出する旨並びにその支店の所在地、名称及びその賃借している不動産の種類

(ロ) 支店が提出するこの合計表の「(摘要)」欄には、当該支払調書を本店が提出する旨及び本店の所在地

ロ　法人又は不動産業者である個人が不動産の使用料等の支払がないため不動産の使用料等の支払調書の提出を要しない場合　その旨

6　不動産等の譲受けの対価の支払調書合計表

(1) 「Ⓐ譲受けの対価の総額」欄には、その年中に支払の確定した不動産等の譲受けの対価及び資産の移転に伴い生じた各種の損失の補償金の合計額（支払調書の提出を要しないものを含む。）を記載する。

(2) 「Ⓑ　Ⓐのうち、支払調書を提出するもの」欄には、この合計表とともに不動産等の譲受けの対価の支払調書を提出するものについて、その合計を記載する。

(3) 次に掲げる場合には、「摘要」欄に、それぞれ次に掲げる事項を記載する。

イ　支店が支払った不動産等の譲受けに係る不動産等の譲受けの対価の支払調書（以下、この項において「支払調書」という。）を本店が取りまとめて本店の所在地を所轄する税務署長に提出する場合

(イ) 本店が提出するこの合計表の「(摘要)」欄には、当該支払調書を本店が取りまとめて提出する旨並びにその支店の所在地、名称

及びその譲受けた不動産等の種類

(ロ)　支店が提出するこの合計表の「(摘要)」欄には、当該支払調書を本店が提出する旨及び本店の所在地

ロ　租税特別措置法第33条（収用等に伴い代替資産を取得した場合の課税の特例）に規定する特定土地区画整理事業等の事業施行者、租税特別措置法第33条の２（交換処分等に伴い資産を取得した場合の課税の特例）に規定する特定住宅地造成事業等のための買取りをする者及び租税特別措置法第33条の４（収用交換等の場合の譲渡所得等の特別控除）に規定する公共事業施行者が、法律の規定に基づいて買取り等の対価を支払う場合　その「事業名又は工事名」及び「買取り等の申出年月日」

ハ　法人又は不動産業者である個人が不動産等への譲受けの支払がないため不動産等の譲受けの対価の支払調書の提出を要しない場合　その旨

7　不動産等の売買又は貸付けのあっせん手数料の支払調書合計表

(1)「Ⓐあっせん手数料の総額」欄には、その年中に支払の確定した不動産等の売買又は貸付けのあっせん手数料の合計額（支払調書の提出を要しないものを含む。）を記載する。

(2)「Ⓑ　Ⓐのうち、支払調書を提出するもの」欄には、この合計表とともに不動産等の売買又は貸付けのあっせん手数料の支払調書を提出するものについて、その合計を記載する。

なお、この支払調書に記載すべき事項を、「不動産の使用料等の支払調書」又は「不動産の譲受けの対価の支払調書」に記載して提出することによって、この支払調書の作成、提出を省略したものについては、その支払を受けた者の人員及び当該支払金額をそれぞれ「(摘要)」欄に記載する。

(3)　次に掲げる場合には、「摘要」欄に、それぞれ次に掲げる事項を記載する。

イ　支店が支払った不動産等の売買又は貸付けのあっせん手数料に係

る不動産等の売買又は貸付けのあっせん手数料の支払調書（以下、この項において「支払調書」という。）を本店が取りまとめて本店の所在地を所轄する税務署長に提出する場合

(イ)　本店が提出するこの合計表の「(摘要)」欄には、当該支払調書を本店が取りまとめて提出する旨並びにその支店の所在地、名称及びその売買又は貸付けのあっせんをした不動産等の種類

(ロ)　支店が提出するこの合計表の「(摘要)」欄には、当該支払調書を本店が提出する旨及び本店の所在地

ロ　法人又は不動産業者である個人が不動産等の売買又は貸付けのあっせん手数料の支払がないため不動産等の売買又は貸付けのあっせん手数料の支払調書の提出を要しない場合　その旨

8　税務署整理欄は、提出義務者において記載を要しない。

【退職所得の源泉徴収票】

☞ https://www.nta.go.jp/taxes/tetsuzuki/shinsei/annai/hotei/pdf/07-6-316.pdf

令和　　年分　退職所得の源泉徴収票・特別徴収票

支払を受ける者	個人番号	
	住所又は居所	
	令和　年 1月1日の住所	
	氏名	(役職名)

区分	支払金額	源泉徴収税額	特別徴収税額	
			市町村民税	道府県民税
所得税法第 201 条第1項第1号並びに地方税法第 50 条の6第1項第1号及び第 328 条の6第1項第1号適用分	千　円	千　円	千　円	千　円
所得税法第 201 条第1項第2号並びに地方税法第 50 条の6第1項第2号及び第 328 条の6第1項第2号適用分				
所得税法第 201 条第3項並びに地方税法第 50 条の6第2項及び第 328 条の6第2項適用分				

退職所得控除額	勤続年数	就職年月日	退職年月日
万円	年	年　月　日	年　月　日

(摘要)

支払者	個人番号又は法人番号	(右詰で記載してください。)
	住所(居所)又は所在地	
	氏名又は名称	(電話)

整理欄	①	②

(税務署提出用)

○「個人番号又は法人番号」欄に個人番号(12桁)を記載する場合には、右詰で記載します。

316

令和　　年分　退職所得の源泉徴収票・特別徴収票

支払を受ける者	個人番号	
	住所又は居所	
	令和　年 1月1日の住所	
	氏名	(役職名)

区分	支払金額	源泉徴収税額	特別徴収税額	
			市町村民税	道府県民税
所得税法第 201 条第1項第1号並びに地方税法第 50 条の6第1項第1号及び第 328 条の6第1項第1号適用分	千　円	千　円	千　円	千　円
所得税法第 201 条第1項第2号並びに地方税法第 50 条の6第1項第2号及び第 328 条の6第1項第2号適用分				
所得税法第 201 条第3項並びに地方税法第 50 条の6第2項及び第 328 条の6第2項適用分				

退職所得控除額	勤続年数	就職年月日	退職年月日
万円	年	年　月　日	年　月　日

(摘要)

支払者	個人番号又は法人番号	(右詰で記載してください。)
	住所(居所)又は所在地	
	氏名又は名称	(電話)

整理欄	①	②

(税務署提出用)

○「個人番号又は法人番号」欄に個人番号(12桁)を記載する場合には、右詰で記載します。

316

備　考

1　この源泉徴収票は、居住者に支払う法第226条第２項に規定する退職手当等（以下この表において「退職手当等」という。）について使用すること。

2　この源泉徴収票の記載の要領は、次による。

⑴「住所又は居所」及び「個人番号」の欄には、源泉徴収票を作成する日の現況による住所又は居所及び行政手続における特定の個人を識別するための番号の利用等に関する法律第２条第５項に規定する個人番号を記載すること。ただし、退職手当等の支払を受ける者に交付する源泉徴収票については、「個人番号」の欄は、記載を要しない。

⑵「支払金額」の項には、自己が支払う退職手当等についてその年中に支払の確定した金額（法第202条に規定する退職一時金については、同条の規定により退職手当等の支払を受けたものとみなされる額に相当する金額）を記載し、源泉徴収票を作成する日においてまだ支払っていないものについては、これを内書すること。また、その退職手当等の全部又は一部が法第201条第１項第１号ロに規定する短期退職手当等（以下この表において「短期退職手当等」という。）又は同号ハに規定する特定役員退職手当等（以下この表において「特定役員退職手当等」という。）に該当する場合には、当該短期退職手当等又は当該特定役員退職手当等の金額を「摘要」の欄に記載すること。

⑶「源泉徴収税額」の項には、法第199条の規定により徴収される税額を記載すること。

⑷「勤続年数」の項には、令第69条又は第70条の規定により計算した勤続年数を記載し、その計算の基礎を「摘要」の欄に記載すること。また、自己が支払う退職手当等又は法第201条第１項第１号に規定する支払済みの他の退職手当等の全部又は一部が短期退職手当等又は特定役員退職手当等に該当する場合には、令第71条の２第２項に規定する短期勤続年数及びその計算の基礎又は同条第４項に規定する特定役員等勤続年数及びその計算の基礎を「摘要」の欄に記載すること。

⑸　次に掲げる場合に該当する場合には、それぞれ次に掲げる事項を「摘要」の欄に記載すること。

㈠　令第70条第１項第１号の規定の適用がある場合　同号に規定する前に支払を受けた退職手当等に係る期間及び同号に掲げる金額の計算の基礎

㈡　令第70条第１項第２号の規定の適用がある場合　同号に規定する重複している部分の期間及び同号に掲げる金額の計算の基礎

㈢　令第71条の２第11項第１号の規定の適用がある場合　同号に規定する前に支払を受けた退職手当等に係る期間及び同号に定める金額の計算の基礎

㈣　令第71条の２第11項第２号の規定の適用がある場合　同号に規定する重複している期間及び同号に定める金額の計算の基礎

㈤　令第71条の２第12項第１号の規定の適用がある場合　同号に規定する前に支払を受けた退職手当等に係る期間及び同号に定める金額の計算の基礎

㈥　令第71条の２第12項第２号の規定の適用がある場合　同号に規定する重複している期間及び同号に定める金額の計算の基礎

⑹　法第30条第６項第２号の規定の適用を受ける者については、その旨を「摘要」の欄に記載すること。

⑺　その退職手当等が法第41条の２の規定により同条に規定する退職手当等の収入金額とみなされるものである場合には、その旨を「摘要」の欄に記載すること。

⑻　その退職手当等の支払を受ける者が提出した法第203条第６項に規定する退職所得の受給に関する申告書に、法第201条第１項第１号に規定する支払済みの他の退職手当等がある旨の記載がある場合には、その支払済みの他の退職手当等の支払者の氏名又は名称並びにその支払済みの他の退職手当等に係る⑵及び⑶に規定する事項を「摘要」の欄に記載すること。

３　合計表をこの様式に準じて作成し、添付すること。

◆著者略歴◆

大阪勉強会グループ

愛知・大阪・京都・広島・熊本の税理士が、月に何度か大阪に集まって行っている税法及び税理士実務についての研究会グループ。平成22年４月、グループ法人税制の勉強会を契機に発足。

（主要共著）

- 『法人税の純資産』（中央経済社）
- 『「むずかしい税法条文」攻略本』（中央経済社）
- 『実務目線からみた事業承継の実務』（大蔵財務協会）
- 『実践　一般社団法人・信託活用ハンドブック』（清文社）

などのほか、現在、週刊税務通信で連載あり。

濱田　康宏〔はまだ　やすひろ〕

税理士・公認会計士

1966年、広島県福山市生まれ。

旧太田昭和監査法人（現ＥＹ新日本有限責任監査法人）出身。

現在、濱田会計事務所（広島県福山市）所長。

大阪勉強会グループ共著以外の主要著書は、『役員給与 第２版』（中央経済社）。

（好きな言葉）

「助からないと思っても助かっている」（大山十五世名人の言葉）

（ひとこと）

もともと公認会計士出身で、税法がさっぱりわからないスタートでした。

その後諸先輩方や大阪勉強会のメンバーの皆さんのおかげで、税法を徐々に学んできたという意味で、私がメンバーの中では一番不出来ですが、迷惑を掛けずに済むよう、日々修練していきたいと念じています。

北詰　健太郎〔きたづめ　けんたろう〕

司法書士

1984年、岐阜県岐阜市生まれ。

現在、司法書士法人F＆Partners 代表社員。

大阪勉強会グループ共著以外の主要著書は、『少額債権の管理・保全・回収の実務』（商事法務）。

(好きな言葉)

「利他」「共生」

(ひとこと)

司法書士になって10年が経過しましたが、日々自分がやっている仕事の重みを実感するようになっています。

役員変更登記１つをとっても、顧客にとってそれがどれだけ大きなことで、私に託されているのか。

そういうこと感じ取る感性を大事にしていきたいと考えています。

内藤　忠大〔ないとう　ただひろ〕

税理士

1970年、静岡県湖西市生まれ。

大原簿記専門学校横浜校（所得税法）の専任講師。愛知県内の会計事務所に勤務。

現在、内藤忠大税理士事務所 所長。

大阪勉強会グループ共著以外の主要著書（共著）は、『会社分割実務必携』（法

令出版)、『平成30年度版 税制改正の要点解説』(清文社)。

好きな言葉

「発見、秘策、普遍、変化、保守」

ひとこと

ブラックホールとかけて難解条文と解きます。その心は。どちらも足を踏み入れると抜け出せません。

岡野　訓〔おかの　さとる〕

税理士

1969年、熊本県天草郡生まれ。

株式会社肥後銀行から熊本市の会計事務所勤務。

現在、税理士法人さくら優和パートナーズ代表社員。

好きな言葉

「憂きことのなおこの上に積もれかし　限りある身の力試さん」(山中鹿之助の言葉(熊沢蕃山の言葉とも)

ひとこと

税務に関する情報を毎日ブログにて発信しています。「大阪勉強会からの税法実務情報」(http://taxmlcheck.jugem.jp/) もぜひご覧ください。

村木　慎吾〔むらき　しんご〕

税理士

1980年、大阪府八尾市生まれ。

税理士法人トーマツ(現デロイト トーマツ税理士法人)勤務。

現在、村木税理士事務所 代表。

大阪勉強会グループ共著以外の主要著書は、『外国税額控除制度・外国子会社配当金益金不算入制度(国際的二重課税排除の制度と実務　第3版)』(法令出版）。

好きな言葉

「一日一日を懸命に生きれば、未来が開かれていく。将来を見通すということは、今日を努力して生きることの延長線上にしかない。」（稲盛和夫）

ひとこと

毎日、昨日の自分と競争しています。今日の自分は、昨日の自分より１ミリでも前進できたか。自問自答を繰り返しています。

白井　一馬〔しらい　かずま〕

税理士

1972年、大阪府藤井寺市生まれ。

税理士法人ゆびすいを経て、現在、白井税理士事務所（京都府京田辺市）所長。

大阪勉強会グループ共著以外の主要著書は、『税理士はいかにミスと向き合うべきか―失敗事例に学び実務に生かす思考法―』（清文社）。

好きな言葉

「若い時われわれは学び、年をとってわれわれは理解する」（マリー・エブナー＝エッシェンバッハ（オーストリアの作家））

ひとこと

複雑化する一方の税法は１人ではとても対処できません。コロナ禍でもweb会議で議論を続け、雑誌連載、書籍発刊を続けているのが大阪勉強会です。毎回白熱した真剣な議論……というよりは、税法が好きで税理士業務の議論を楽しんでいます。

［改訂版］最新の判決例から学ぶ
役員退職給与の税務　完全理解

平成30年12月10日　初版発行
令和４年10月20日　改訂初版

検印省略

日本法令®

〒101-0032
東京都千代田区岩本町１丁目２番19号
https://www.horei.co.jp/

著　者　大阪勉強会グループ
発行者　青　木　健　次
編集者　岩　倉　春　光
印刷所　東 光 整 版 印 刷
製本所　国　　宝　　社

（営　業）　TEL　03-6858-6967　　Eメール　syuppan@horei.co.jp
（通　販）　TEL　03-6858-6966　　Eメール　book.order@horei.co.jp
（編　集）　FAX　03-6858-6957　　Eメール　tankoubon@horei.co.jp

（オンラインショップ）　https://www.horei.co.jp/iec/
（お 詫 び と 訂 正）　https://www.horei.co.jp/book/owabi.shtml
（書籍の追加情報）　https://www.horei.co.jp/book/osirasebook.shtml

※万一、本書の内容に誤記等が判明した場合には、上記「お詫びと訂正」に最新情報を掲載しております。ホームページに掲載されていない内容につきましては、FAXまたはEメールで編集までお問合せください。

ISBN 978-4-539-72930-4

https://www.horei.co.jp/zjs/

お役立ちコンテンツ

5 税理士向け動画セミナー

無料会員向けの「セレクト動画」、有料会員向けの「プレミア動画」で、著名な税理士、弁護士、学者やその道のプロが、タイムリーなテーマを深く掘り下げてレクチャーします。いつでも時間が空いた時に視聴可能です。

6 税制改正情報ナビ

毎年度の税制改正に関する情報を整理し、詳しく解説します。税制改正に関する日々のニュース記事の配信と、日本法令刊『よくわかる税制改正と実務の徹底対策』WEB版、さらにはその著者による詳細な解説動画で、いち早く今年度改正の要点を押さえましょう！

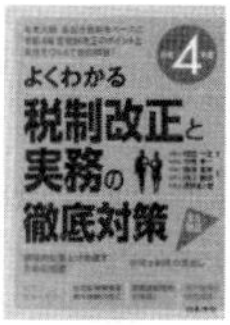

7 税務判決・裁決例アーカイブ

税理士業務遂行上、さまざまな税務判断の場面で役立てたいのが過去の税務判決・裁決例。ただ、どの事例がどこにあるのか、探すのはなかなか一苦労だし、イチから読むのは時間がかかる…。そこで、このアーカイブでは「キーワード検索」と「サマリー」を駆使することで、参照したい判決・裁決例をピンポイントで探し出し、スピーディーに理解することが可能となります。

8 モデルフォーム集

税理士業務におけるチェック漏れによるミスを未然に防ぐため、さまざまな税務のチェック表、確認表、チェックリストほか、日常業務で活用できるオリジナルのモデルフォーマットを提示します。

9 弊社商品の割引販売

日本法令が制作・販売する書籍、雑誌、セミナー、DVD商品、様式などのすべての商品・サービスをZJS会員特別価格〈2割引き〉で購入できます。高額な商品ほど割引額が高く、お得です！

税理士情報サイト
Tax Accountant Information Site

会員限定無料動画シリーズ

大淵博義教授×三木義一教授
税務判例批評

大淵博義中央大学名誉教授と三木義一青山学院大学名誉教授が
最近の注目判決について語り尽くす！

第1回　東京地裁令和3年12月23日判決
　　　――簿外経費の損金算入可否と主張立証責任
第2回　最高裁令和4年4月19日判決
　　　――財産評価基本通達総則6項の最高裁判決と検証
第3回　東京高裁令和3年5月20日判決
　　　――みなし譲渡課税・差戻し控訴審判決を考える

税理士情報サイトで、続々配信！

税理士情報サイト　お申込みの手順

① WEBで「税理士情報サイト」を検索
② トップページ右上の「新規会員登録」をクリック
③ 「無料会員登録」or「有料会員登録」を選択

[無料会員登録]

④ 「個人情報方針」への「同意」をチェックして「申込ページ」へ。
⑤ お名前とメールアドレスを入力して、お申込み完了。
⑥ お申込みを確認後、ご登録いただいたメールアドレス宛に、「ログインID（会員番号）：弊社が設定した5ケタの半角数字」と「パスワード：お客様が設定した8文字以上の半角英数字」をご連絡いたします。

[有料会員登録]

有料会員年会費　税込 29,700円

④ 「個人情報方針」、「会員規約」、「Japplic 利用規約」への「同意」をチェックして「申込フォーム」へ。
⑤ 入会申込フォームに必要事項を入力、お申込み。
⑥ お申込みを確認後、弊社から請求書と郵便振込用紙（払込取扱票）をお送りいたしますので、所定の年会費をお振り込みください。お振込みを確認後、ご登録いただいたメールアドレス宛に、「ログインID（会員番号）：弊社が設定した5ケタの半角数字」と「パスワード：お客様が設定した8文字以上の半角英数字」をご連絡いたします。

日本法令®　お問合せ
〒101-0032　東京都千代田区岩本町1-2-19
株式会社日本法令　ZJS会員係
電話：03-6858-6965 FAX：03-6858-6968
Eメール：sjs-z@horei.co.jp